JN099543

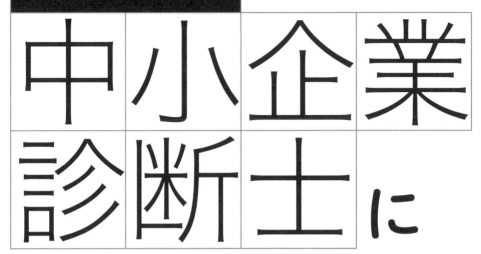

学習マップなら！

中小企業診断士に超速合格できる本

KIYO ラーニング代表取締役
綾部貴淑 著

スタディング 監修

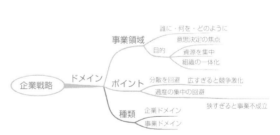

中央経済社

改訂改題第3版刊行にあたって

本書は，普段お忙しい方に，中小企業診断士試験に短期間で合格していただくために書いたものです。

私自身は，中小企業診断士資格に興味を持ってから，取得するまでに長い時間がかかりました。

最初のチャレンジでは，通信教育で勉強を始めたものの，テキストのボリュームの多さに圧倒され，最初の科目も終わらないうちに，勉強をやめてしまいました。次のチャレンジも全く一緒で，大量の教材だけが捨てられずに押入れに残りました。

当時，私はソフトウェア会社での仕事に行き詰まりを感じながら，日々の業務をこなしていました。コンサルティング会社に転職したいと考えたのは30歳を過ぎた頃です。しかし，コンサルティングの知識も業務経験もなく，資格も持っていません。転職活動では面接官から「もっと若いうちからキャリアを積んでおかないと転職は難しいよ」と言われショックを受けました。

しかし，過ぎてしまった日々は戻りません。これから，優秀な人々にどうやって追いつけばよいのかを考えました。

その時，「すでに業界の人より出遅れているから，まずは効率的な勉強法をマスターしよう。その後に勉強すれば，追いつけるかもしれない」というアイデアが浮かびました。

そこで，徹底的に勉強法に関する文献を読み漁りました。さらに，勉強法だけでなく，心理学，NLP，脳科学，記憶術，速読術，成功法則などを研究し，実際にテストしながら本当に役立つ方法だけを取捨選択し

ていきました。

　その時に出会ったのが，本書でご紹介する学習マップでした。

　学習マップを使った勉強法は，初めは少し戸惑いましたが，使っていくうちに，非常に効果が高いことがわかりました。覚えることの全体像がすぐにイメージできますし，知識を分類・関連させながら覚えるため，すっきり整理しながら記憶することができます。こうして覚えた知識は，様々な切り口で自在に引き出すことができるため，まさにコンサルタントに向いている勉強法でした。

　私は，この勉強法を使って，様々なことを覚えていきました。今までは，非常に狭いIT知識しか持っていませんでしたが，経営の知識，会計の知識，プロジェクト管理の知識などを吸収していきました。そして，コンサルティング会社への転職にも成功し，さらに顧客企業の業務知識，コンサルティング手法の知識などを数カ月以内に覚えました。結果，プロジェクトマネージャー，プロジェクトマネージャーを束ねる事業部のマネージャーと，順調に出世することができました。

　仕事に学習マップを使い，その威力を実感した私は，中小企業診断士試験に再チャレンジすることにしました。

　その結果，驚くことが起こりました。主に平日の通勤時間などで勉強したにもかかわらず，1年足らずで1次試験，2次試験にストレートで合格することができました。1次試験は6割以上正解すれば合格するのですが，私は7割を超える点を取ることができました。80点以上の科目も3科目あり，余裕を持って合格できたのです。

　以前の私のように，間違った勉強法で勉強しているために苦労している人はたくさんいます。そこで，**学習マップを使った講座を開発し，インターネット資格学校の「中小企業診断士 通勤講座」を開校しま**

した。最初はひっそりとしたスタートでしたが，幸いホームページを見てたり，セミナーを聞いたりした方に評価され，徐々に受講生が増えていきました。そして，毎年多くの合格者を出すようになりました。このメソッドを他資格にも応用したところ，多くの反響を得ることができ，講座のラインナップはどんどん拡張しました。

2018年には，ブランド名を通勤講座からスタディング（STUDYing）に変更し，2020年6月には有料受講者累計7万人を超えました（8月時点で8万人）。そして，同年7月には東京証券取引所マザーズへの上場も果たしました。

このように，私は学習マップに出会うことによって，中小企業診断士資格を短期間で取得するだけでなく，コンサルティング会社への転職や会社内でのキャリアアップ，起業，上場まですることができました。

私が皆さんにお伝えしたいのは**効率的な勉強法をマスターしていれば，短期間で合格できる**ということです。しかし多くの人は勉強法が間違っており，そのために途中であきらめたり，不合格になったりしているということも事実です。

そこで，本書では，私が運よく知ることができた効率的な勉強法「学習マップ勉強法」を使い，中小企業診断士試験に無理なく短期間で合格する方法を，出来る限りわかりやすくお伝えしたいと思います。おかげさまでたくさんの方に手にしていただき，改訂改題第3版となりました。

本書が皆さんの夢を実現するきっかけになればこれほどの喜びはありません。是非，一緒に楽しく学んでいきましょう！

2020年11月

KIYOラーニング代表取締役　綾部　貴淑

も く じ

第1章

なぜか短期間で合格する人の秘密

01 勉強時間と合否は比例しない

「いつか実現したい」に終わっていませんか

　「中小企業診断士資格を取りたいけど，仕事で忙しくて時間がないんです。どうすればよいですか？」という声を聞きます。

　たしかに，中小企業診断士資格は，ビジネスパーソン向けの国家資格としては最高峰レベルにありますし，試験範囲も広いため決して易しい資格ではありません。まして，「仕事で忙しくて勉強どころではないです」，さらに「休日は基本的に家族サービスです」という人にとって，中小企業診断士資格を取ることは，**いつか実現したいけど，決して実現しないことリストの項目**になっているのではないでしょうか？

　私も，2度失敗した後で，「私が中小企業診断士資格を取るのは無理」だと思いました。毎日仕事で忙しく，おまけに暗記も大嫌いでした。

　しかし，勉強法を見直ししたおかげで，3度目のチャレンジでは，主に平日の通勤時間に勉強するだけで，1年以内に1次・2次試験にストレートで合格することができたのです。

短期合格する人，しない人の差とは

　試験に合格した後に，たくさんの合格者と知り合いました。そこで話を聞くと，私が行っていた勉強法と似たような方法で短期合格した方がいることに驚きました。中には，私よりもはるかに短期の方もいました。

　一方で，私の知り合いには，中小企業診断士資格を目指し，長期間一生懸命に勉強したものの，不合格が続いている方々もいます。

　短期間の勉強で合格する人と，失敗してしまう人の違いは何でしょうか？

　「アタマの良さ」「勉強時間が取れること」など，色々な原因が考えられると思います。しかし，私自身の失敗と成功の経験，多くの合格者・不合格者から聞いた話を総合して考えると，**最大の違いは，「勉強法」**にあります。

脳の機能にそれほど差はない

　「アタマの良さは大事なのでは？」と思う方もいるでしょう。もちろん「良いアタマ」を持っていることは重要です。しかし，健康な方であれば持っている脳の機能にはそれほど違いはありません。どんな方でも，自然に言葉が話せるようになりますし，好きなことはよく覚えています。生まれた時から現在までに獲得した知識に比べれば，試験勉強で覚える知識の量はたかが知れています。**違いは，その「良いアタマ」の使い方，つまり「勉強法」**なのです。

短期合格は勉強法しだい

　また，「勉強時間」についても，忙しくても短期間で合格する人はたくさんいますし，時間がたっぷりあっても不合格になる人もたくさんいます。**違いは，その「時間」の使い方，つまり「勉強法」**なのです。

02 「6つの思いこみ」が合格を阻む

短期合格者は最短経路を知っている

　短期合格者に話を聞くと，共通する特徴が浮かび上がってきます。一言で言うと，

　「合格するための最短経路を走っている」

ということです。合格というゴールに対して，無駄な回り道をせずに，合理的な方法で勉強しています。

　一方，長期間勉強しても不合格になってしまった人に話を聞くと，これも共通する特徴があります。一言で言うと，

　「最短経路ではなく，回り道や，障害がある道，最悪の場合は間違った道を選んでしまっている」

ということです。これは，一生懸命勉強している人には大変申し訳ないことですが，話を聞くと「もったいないなぁ」という言葉が口まで出かかります。マラソンで言えば「そんなに一生懸命に走っているのに，何で道を間違えてるの？」という状態なのです。

　なぜ間違った道を選んでしまうのでしょうか？　それは，その人にとって「どれが正しい道かがわからなかったから」ではないでしょうか。途中で誰かが道を間違っていることを教えてあげれば，正しい道に戻って合格というゴールにたどり着けるはずです。

道を誤らせる罠とは

　このように，試験勉強では，知らず知らずのうちに間違った道をたどってしまいがちです。不合格者の多くが持っているのが，次の６つの思いこみです。これらが，道を誤らせるのです。

❶　丸暗記

❷　１回で覚える

❸　完全主義

❹　ノートを作成する

❺　机の前に座って勉強する

❻　過去問を解く

　一見，❶〜❻は正しいように見えますが，実は合格を遠ざけてしまう要因なのです。

　短期合格した人は，これらの思いこみを持たずに，より効率的な方法で勉強しています。そのため，最短経路で合格します。

　大事なのは，６つの思いこみの正体を知ってより効率的な方法に切り替えることです。 では，次頁から６つの思いこみと，それを捨てる方法についてくわしく見ていきましょう。

03 大人の脳は「丸暗記」に向かない

丸暗記はマイナスしかない

最初に捨てるべき思いこみは丸暗記です。

試験勉強というと，とにかく暗記するものというイメージを持っている方も多いかもしれません。しかし，中小企業診断士試験では，丸暗記で覚えようとすることは3つの意味でマイナスです。

> マイナス1　丸暗記は効率の悪い記憶方法です。
> マイナス2　中小企業診断士試験は丸暗記しただけでは合格できません。
> マイナス3　丸暗記では興味が持てないため覚えられません。

大人には大人の覚え方がある

まず，丸暗記というのは，大人にとって効率が悪い記憶方法です。たしかに，子供の頃であれば丸暗記でも大量のことが覚えられます。かけ算九九や歴史の年号の暗記などは丸暗記に近いですが，子供の頃であれば繰り返すうちに自然に覚えられます。

しかし，歳をとるごとに，こういった意味のないことを記憶する能力は徐々に低下していきます。「最近，覚えられなくなったなぁ」と思っている方も多いのではないでしょうか。

それでは，もういい歳だから試験に合格するなんて無理なのでしょうか？

それは違います。152頁の松尾さんも58歳で一発合格していますし，2019年の最年長合格者は74歳です。実は，歳をとると，丸暗記の能力

が低下する代わりに，論理的な記憶力は向上します。この力は，心理学では「エピソード記憶」と呼ばれ，内容を理解して覚えたり，出来事等をストーリーとして覚えたりするものです。一方，丸暗記は心理学では「意味記憶」と呼ばれ，10歳前後を境にこの能力は低下します。

　子供の頃よりも，大人になった今の方が，会社の業務や，社会の仕組みを覚えるのは早いのではないでしょうか？　逆に，電話番号や単語の意味などは，子供の頃の方がよく覚えられたはずです。これは，脳の発達の段階からすると当然のことなのです。

　そのため，**大人になったら丸暗記ではなく「論理的な記憶力（エピソード記憶）」を使った勉強法の方が効率的**です。具体的に言うと，意味を理解したり，知識を整理・体系化しながら覚えた方が早く覚えられ，忘れにくいのです。

　では，論理的な記憶力を使うにはどうすればよいのでしょうか。

知識を「整理・関連」づける

　実は，脳の中にある記憶というのは，知識が単独で保存されたものではありません。脳細胞はネットワーク構造になっており，脳細胞の間の関連で記憶するようになっています。そのため，知識は整理・関連づけられていると記憶しやすくなります。この方法としては，たとえば体系化があります。

たとえば，経営戦略には，競争地位別の戦略というものがあり，リーダー，チャレンジャー，フォロワー，ニッチャーの4つの競争地位があります。この競争地位を個別に覚えるよりも，競争地位別の戦略という「くくり」の下に，4つの競争地位がある，というように階層構造を意識して記憶した方が覚えやすくなります。

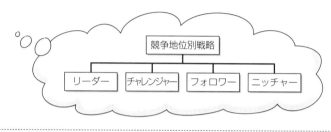

具体例で覚える

　知識を単なる言葉として覚えると丸暗記に近くなります。抽象的な知識を理解に変えるには，現実の具体例で説明できる必要があります。中小企業診断士試験でも最終的に問われるのはこうした理解です。

　先ほどの競争地位別の戦略の例であれば，リーダー企業の特徴を言葉で覚えるだけでなく，「自動車業界だったらリーダー企業はA社」というように覚えておけば，思い出すのは簡単になります。

丸暗記では太刀打ちできない中小企業診断士試験

　丸暗記がダメな理由の２点目として，中小企業診断士試験は，それではとても太刀打ちできないということがあります。特に最近の１次試験では，単なる知識ではなくその活用が問われます。また，２次試験では，事例企業を診断・助言する能力が問われます。そのためには，知識が論理的な記憶になっている必要があるのです。

興味がなければ忘れやすくなる

　最後に，丸暗記では，なかなか興味が持てないという点も重要です。

　目や耳からインプットされた情報は，脳に送られた後で，まず好き，嫌い，楽しい，つまらないなどの感情のラベルが貼られ，その後，思考・記憶されます。つまらない，嫌いといった負の感情のラベルが貼られた情報は，しっかり思考・記憶がされません。つまり，興味が持てないものは，覚えにくいのです。

　この事実を知っていれば，効率よく記憶するコツがわかります。それは，「できるだけプラスの感情を込めて記憶する」事です。

　どうしても興味が持てない分野であれば「これを覚えたら合格できるぞ！」「今日は絶対１時間でここまで覚えよう！」等，前向きな感情を持ちながら積極的な姿勢で勉強することがポイントです。

　こと勉強の姿勢においては，「守り」ではなく「攻め」のイメージを持つことが，勉強の能率を上げるためにとても重要です。短期間で合格した人は，皆「攻め」のイメージを持っていた人なのです。

04 1回目は流し読み程度

最初の1回ではどうせ覚えられない

　短期間で合格する人と，長時間かけても合格できない人を比べると，最も違うところとして，合格できない人は，「知識は最初の1回の勉強で覚えるものだ」という思いこみがあるように感じます。

　この思いこみがあると，2つの問題が生じます。

> 問題1　まず，講座の最後まで到達するまでに長い時間がかかる
> 問題2　さらに，講座の最後に到達した時に，最初の方の内容を覚えていない！

忘却曲線を応用する

　ここで，重要な事実があります。私達の脳は，繰り返すことで記憶するのです。1度きりの勉強では，記憶はほとんど定着しません。

　人間は1度覚えたことでも，何もしないと時間の経過と共にどんどん忘れてしまいます。「忘却曲線」という言葉を聞いたことがある方もいらっしゃるかもしれませんが，エビングハウスという心理学者が行った記憶に関する実験では，被験者は復習をしないと1時間後には56％を忘れ，1日後には74％を忘れてしまいました。その後も，時間がたつにつれ，どんどん忘れていきます。

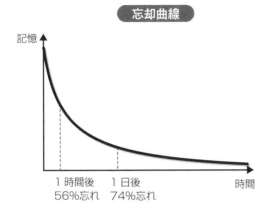

忘却曲線

記憶

1時間後 1日後　　　　　　時間
56%忘れ 74%忘れ

　このように，1回で覚えることは，脳の仕組み上無理なのです。では，どうすればよいかというと，何度も繰り返すことが重要です。1回で覚えるのではなく，何度も復習しながら覚えていくのです。

　何度も復習して思い出すことで，脳の中の記憶のネットワークが強化されます。そうすることで，記憶が定着するのです。最初の勉強で完全に覚えることを重視するのではなく，忘れないうちに復習をすることを重視することがポイントです。

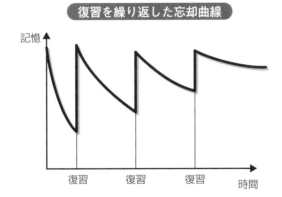

復習を繰り返した忘却曲線

記憶

復習　　　復習　　　復習　　時間

わからないところは飛ばして進める

　ここで，不合格になる人と，短期合格する人の勉強法を，復習のスピードと回数という点で比較してみましょう。

　不合格になる人は，1回で覚えようとするため，勉強のスピードが遅くなります。そのため，復習や問題練習の回数が不足しがちです。

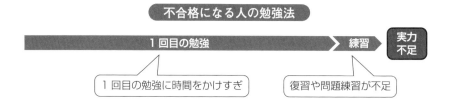

　これに対し，短期間で合格する人は，**スピードを上げて何度も繰り返す**方法で勉強しています。1回あたりの勉強時間が短く，復習回数や問題練習の回数が多いのです。

　1冊のテキストを数日間程度で終え，復習や問題練習をすぐに始めます。復習と問題練習をしながら覚えていくことで，試験に合格する実力を早く身につけられるのです。

　「1冊のテキストを数日間程度で終える！？」と驚かれる方もいるかもしれません。しかし，それは決して難しいことではありません。1冊を隅々まで読むのではなく，どのようなことがテキストに記載されているのか，目次を中心に「幹」の部分だけ押さえればよいのです。そして，わからないところはどんどん飛ばします。

　スピードを上げて何度も繰り返すには，学習マップを使うのが有効です。その方法は後ほど第3章以降で詳しくご説明しますが，学習マップであれば重要ポイントだけを短時間で復習できます。これを繰り返すことで，記憶が短時間で定着するのです。

　また，初学者の方であれば，ぶ厚いテキストではなく，論点が集約されたものを選ぶとより効率がよくなるでしょう。

05 「完全主義」の人ほど合格できない

中小企業診断士試験では完全主義は落とし穴になる

　試験に短期間で効率よく合格するには，試験に出るところを勉強することが重要です。当たり前ですよね。

　しかし，長時間勉強しても合格できない人の勉強法は，試験に出ないことまで勉強しようとして，試験に出るところの勉強がおろそかになっているケースが多いのです。

　なぜ，こうなってしまうのでしょうか？　その原因の1つは「完全主義」のためです。テキストのすべてを覚えなければいけないと考えてしまうのです。しかし，中小企業診断士試験では，すべてを覚えようとすることが落とし穴になります。

　なぜなら，中小企業診断士は，中小企業の経営の診断・助言を行う専門家です。「経営の診断・助言」を行うためには，**広い範囲の知識が必要**です。

　一方，中小企業診断士以外にも，各種の資格を持った専門家が存在します。会計であれば公認会計士や税理士，法律であれば弁護士・行政書士・弁理士，人事であれば社会保険労務士，ITであれば情報処理技術者など，高度な専門知識を必要とする資格制度があります。

　こういった各種の専門家と中小企業診断士の違うところは，中小企業診断士は経営活動全般を幅広くカバーすることで，総合的な経営診断とアドバイスができることにあります。高度な専門的知識が必要な分野に関しては，専門家と経営者の橋渡しをするパイプ役になることが期待されているのです。そのため，**専門家になる必要はありません。**

メリハリをつけて勉強する

　試験に短期間で合格するためには，重点的に学習する所と，軽く勉強するところ，捨ててよいところを切り分けて，勉強することが重要です。試験に正解するために必要な知識は次のように分類できます。

A：基本的な知識　（幹となる部分）
　　＋ 過去の試験に頻繁に出題されている知識 ⎫⎬⎭ 60 点

B：やや発展的な知識　（枝の部分）
　　＋ 過去の試験に何回か出題されている知識 ⎫⎬⎭ 30 点

C：高度で専門的な知識　（葉の部分）
　　＋ 過去の試験であまり出題されていない知識 ⎫⎬⎭ 10 点

　短期間で合格するための必勝法は，上のＡの部分（基本知識＋過去問で頻繁に出題されている知識）に力を集中することです。これだけで，合格点である 60 点は達成できます。

　そしてもし余裕があれば，Ｂを学習します。ただし，ＢはＡよりも難しい割に，試験に出題されない訳ですから，ＢはＡよりも数段，学習効果が低くなります。

　また，Ｃに関してはあえて手を出さず，捨ててしまった方が正解です。**短期合格を目指すのであれば，くれぐれも「完全主義」にはまらないようにする**ことです。

06 「ノートを作成する」のは無駄

ノートはテキストの劣化版に過ぎない

　一般的に，勉強というと学生時代のようにノートを作成することを思い浮かべる人もいると思います。ノートによる勉強法は，書くことで記憶に残りやすくなるというメリットがあります。

　一方で，作成に時間がかかるという問題があります。範囲の広い中小企業診断士試験では，すべての分野のノートを作るのは，相当な時間がかかります。また，作って満足して復習がおろそかになってしまいがちです。時間をかけてノートを作っても，頭には何も入っておらず，テキストの劣化版コピーができただけだったということになりがちなのです。

　しかし，単に講座を聞いているだけだったり，テキストを眺めているだけでは記憶に残りにくいのも事実です。

キーワードのみをメモする

　そこで，お勧めしたいのは，ポイントとなるキーワードだけをメモすることです。ノートでは，文章を書くので時間がかかりますが，ポイントとなるキーワードだけメモするのであれば，時間はあまりかかりません。講座を聞きながらでも，十分にメモが作れます。

　そして，そのメモを見れば，**それをきっかけにしてテキストの内容を思い出せるように練習する**のです。

　「そんなことが可能なのか？」と思われるかもしれませんね。それを可能にするのが学習マップなのです。

学習マップとは

　学習マップは，ポイントとなるキーワードだけをメモしたものです。
そのため，ノートに比べると数段早いスピードで作成できます。

　ただし，単なるキーワードの集合ではなく，それらのキーワードが線
でつながっているのが特徴です。この線は，キーワードの間の体系や関
連を表しています。

　学習マップにより知識を体系的に整理し，繰り返し復習することがで
きます。そうすると，学習マップを見ればテキストの内容が思い出せる
ようになり，最終的には学習マップを見なくても，テキストの内容が思
い出せるようになります。つまり，**試験中に，頭の中にある学習マッ
プから自在に知識が引き出せるようになるのです。**

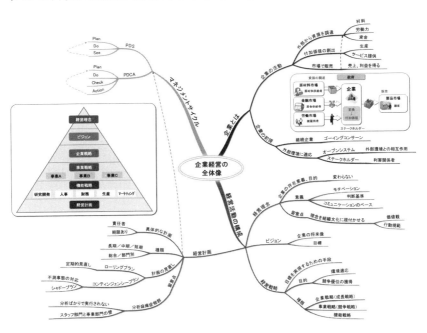

07 通勤電車こそ勉強空間

時間がないというのは言い訳に過ぎない

　「時間がない」というのは，多くの受験生に共通する悩みだと思います。

　たしかに，朝早く出勤し，夜遅く帰宅する毎日の中では，机の前に座って勉強する時間はあまり取れないかもしれません。しかし，机の前に座ることにこだわらなければ，細切れのスキマ時間は結構あると思います。

　たとえば，通勤に片道1時間かかる方であれば，往復で2時間のスキマ時間があります。さらに，昼休みや休憩時間，移動時間，待ち時間などを合わせれば1時間ぐらいのスキマ時間が取れるかもしれません。これだけで，毎日3時間の勉強ができます。これに加えて，朝の出勤前，帰宅後の復習の時間を30分ずつ取れれば，計4時間の勉強ができます。これだけあれば，毎日の勉強時間としては十分です。

　私も，受験勉強をしていた当時は，通勤時間，会社の休み時間，移動中の時間，待ち合わせ時間など，あらゆるスキマ時間に勉強をしていました。さらに，家でも，朝起きてから，寝る前，散歩のとき，トイレの中など，あらゆる時間・場所で勉強しました。

スキマ時間活用が難しい理由とは

　資格の勉強ではスキマ時間を活用するのが重要だと言われますが，意外と実行している人は少ないようです。これにはいくつか理由があると思います。

　まず，スキマ時間に勉強するための勉強ツールを持っていないというのがあるでしょう。

　急にスキマ時間ができたとしても，その時に勉強ツールを携帯していないと勉強できません。通常のテキストや問題集などは重いので，持ち歩いていない事も多いでしょう。

　また，スキマ時間にどうやって勉強したらよいかわからないというのもあるかもしれません。どのような教材でどうやって勉強するのが良いかがわからないと，やる気が起こらないものです。たとえば，3分ぐらいのスキマ時間があったとしても，通常の教材・勉強法であれば，準備している間に時間が過ぎてしまいます。

　こうしたことから，スキマ時間で勉強するには，スキマ時間で勉強できる勉強ツールと勉強方法をあらかじめ準備しておくことが重要です。そのためには学習マップ勉強法が最適なのです。

08 過去問は読みものである

「解こう」とするから挫折する

　試験に合格する上で，過去問を活用することは非常に重要です。

　しかし，最初から過去問を解こうと頑張ると，非常に時間がかかります。それゆえ，「まだ解けそうにないから過去問練習はやめておこう」となり，後回しにしがちです。また，始めても，解答を間違ってばかりいると，挫折しかねません。

　短期間で合格する人は，**過去問は答えを見て覚えるモノ**と考えます。そのため，わからなそうであれば，さっさと答えや解説を見て，どんどん知識を追加していくのです。

　ポイントは，「繰り返し」です。そのためには，スピードを上げて問題・解説を読むことが重要です。わからない問題はチェックしてどんどん進め，後でまた確認すればオーケーです。

　もちろん，最終的には過去問を「解く」練習も必要です。試験が近くなったら，試験本番のように時間を測って自力で解く練習が有効です。

　早い段階から過去問に触れ，過去問をまさに「使い倒す！」のが試験合格の秘訣です。

第2章　中小企業診断士試験を知ることからすべては始まる

09 そもそも中小企業診断士資格とは

経営コンサルタントとしての唯一の国家資格

　中小企業診断士制度を一言で説明すると，「**経営コンサルタントとしての唯一の国家資格**」となります。

　正確に言えば，中小企業診断士制度は，中小企業の経営課題への診断・助言を行う専門家を認定する制度で，中小企業支援法という法律に基づいて制定されている国家資格です。

　よく「なぜ，中小企業診断士なのですか？　企業診断士などの名前の方が良いのでは？」という声を聞きます。「中小企業」という名前がつくのは，中小企業診断士制度の成り立ちに関係があります。そこで，簡単に歴史を振り返ってみましょう。

中小企業診断士制度の歴史

　戦後間もない 1948 年に，中小企業を育成し経営力を高めるために中小企業庁が設置されました。そして「中小企業診断実施基本要領」で，中小企業を診断するための基本要綱が定められます。ここから，政府による中小企業の支援が始まっていきます。

　そして，1952 年に，現在の中小企業診断士制度の前身にあたる「中小企業診断員登録制度」が作られました。当時は「中小企業診断士」ではなく「中小企業診断員」と呼ばれていました。

　その後，日本経済の成長と共に中小企業も成長していきます。1969 年に中小企業指導法（後の中小企業支援法）が制定され，中小企業診断員は，国が政策として行う中小企業指導事業に協力する者として法令で

定められました。そして，1969年に現在の「中小企業診断士」という名称に改称されます。

　その後2000年に，中小企業指導法が大幅に改正され，名前も中小企業支援法と変わりました。ここで，中小企業診断士の位置づけも，「国が政策として行う中小企業指導事業に協力する者」から，「中小企業の経営診断に従事する者」に大きく変わりました。

日本経済の「底上げ」を担う中小企業診断士

　現在では，中小企業は日本経済の活力の源泉となっています。一方で，技術力はあるものの経営資源が少なかったり，経営力が低いため実力を発揮できていない企業も多くあります。そういった中小企業を支援し，発展させていくことが中小企業診断士に求められる本来の目的です。

　もちろん，今や中小企業だけでなく，大企業でも広く活用されている資格です。すべての企業を含めた，日本経済の底上げを支援していくのが中小企業診断士の役割と言えるでしょう。

10 診断士資格のメリットとは

　中小企業診断士資格には，経営コンサルタントとして独立するだけでなく，様々な活用方法があります。ここでは，まず資格取得のメリットを整理してみます。

経営者の視点でスキルが「T字型」に

　1つ目のメリットは，経営全体の知識と視点が得られることです。つまり経営者の視点で会社を見ることができるようになるわけです。

　これによって，自分自身の持っているスキルが，「T字型のスキル」となります。「T」という字は，横棒「—」と縦棒「｜」から構成されています。縦棒「｜」は，自分の専門性です。中小企業診断士資格の取得によって，そこに横棒「—」である経営者の視点が加わります。

T字型のスキル

経営者の視点

自分の専門性

　グローバル化，少子高齢化デジタル化などが進展する現代では，企業は総じて厳しい経営環境に置かれていると言えます。企業はこれから様々な経営課題を解決していく必要があります。そのためには，各自が専門性を追求するだけでは不十分で，各部門が連携を取ったり，異業種の企業と協業しながら課題を解決する必要が出てきます。そのため，専門性に加えて，経営者の視点を持つ人材が必要となってきます。中小企

業診断士は，まさにこういった人材ニーズにマッチする資格です。その
ため，様々な場面で活躍をすることが可能です。

ネセルフブランドを高められる

　2つ目のメリットは，「国家資格」というお墨付きです。

　たとえば，提案営業の方が中小企業診断士と書かれた名刺を渡すこと
で，顧客は「この人はよい提案をしてくれるかもしれない」という期待
感を持ったりするわけです。また，この人が転職をする場合でも，提案
営業で成果を上げたという話に信頼感を付加できます。もちろん，経営
コンサルタントとして独立する場合でも，中小企業診断士という看板は
役に立ちます。

ネットワークが手に入る

　3つ目のメリットは，中小企業診断士のネットワークです。

　多くの方は，中小企業診断士資格を取った後に，中小企業診断協会や，
その他の団体に加入するため，様々な領域で活躍する他の中小企業診断
士とのネットワークが築けます。また，中小企業診断士資格を取得する
ための「実務補修」でもネットワークが築けます。

　こういったネットワークは，経営コンサルタントとして独立して仕事
をする場合には，とても役に立ちます。先輩診断士の仕事のやり方を学
んだり，仕事や人を紹介したりされたりということは，非常に重要です。

　また，独立コンサルタントでなくても，企業内診断士としてネットワ
ークを活かして勉強をしたり，情報交換をすることができます。違う業
界の人と交流することで，発想の転換になったり協業につながったりし
ます。

11 診断士資格でひろがるチャンス

アンケートに見る資格取得の動機とは

　中小企業診断士資格を取得するメリットは様々ですので，活用方法も多岐にわたります。統計的には，中小企業診断協会が，会員の中小企業診断士に対して行ったアンケートが参考になります。これによると，資格取得の動機として多いものは次のようになっています。

（http://j-net21.smrj.go.jp/know/s_hiroba/data2011/index.html）

> 1　経営全般の勉強等自己啓発，スキルアップを図ることができるから：29.1%
> 2　中小企業の経営診断・支援に従事したいと思ったから：18.6%
> 3　経営コンサルタントとして独立したいと思ったから：15.6%
> 4　業務遂行上，中小企業診断士の資格が活用できるから：13.8%

自己啓発・スキルアップのための勉強

　これを見ると，自己啓発・スキルアップ目的（1）が最も多いことがわかります。また，企業内診断士（プロのコンサルタントではなく，企業内で中小企業診断士資格を持っている人）は，業務遂行上で資格を活かす（4）ことを考えている人も多そうです。つまり，企業内診断士の資格活用方法としては，「**スキルアップ　⇒　業務遂行上で資格を活かす**」というストーリーが考えられます。

「プロコン」になる

　一方，アンケート結果にある，中小企業の経営診断・支援に従事（2）と，経営コンサルタントとして独立（3）という動機は，プロのコンサルタント（プロコンと呼びます）として活躍したいという目的と思われます。プロコンになりたい，もしくはプロコンとしてレベルアップしたいという人が，資格を活かすというストーリーが考えられます。

転職・就職に活かす

　その他，「転職等就職の際に有利だから」という回答もあります。こういった人は，「**スキルアップ　⇒　転職・就職に活かす**」というストーリーを考えているのではないかと思います。

　また，これ以外に，資格を取ることで資格手当等の処遇がアップするという方もいるかもしれません。アンケートでも「中小企業診断士の資格を持っていると優遇されるから」という人が 2.5％ いました。ただし，これは勤務先に制度や理解があるかに依存してしまいますね。

資格でチャンスがひろがった事例

　人によって，様々な活用方法があるのが中小企業診断士の特徴です。そして，資格取得をきっかけにして，思わぬ可能性が開けてくる人もいます。そこで，次頁では具体的な事例をご紹介したいと思います。

　事例では，資格取得をきっかけに，次のステップに進むことができ，そこで経験を積んで次のステップに進むということを繰り返しています。また，独立する際など，キャリアチェンジのキーになるところでは，中小企業診断士の人脈が役に立っています。

可能性をひろげてくれた
中小企業診断士資格

日本セルフエンカレッジ協会代表　市岡久典

　私が中小企業診断士試験に合格したのは2004年でした。当時は，大手IT企業に勤めており，企業向け情報システム導入のコンサルタントをしていました。しかしシステム一本でやってきた自分は，業務知識がないことに弱さを感じていました。そこで，中小企業診断士資格を取得することを考えました。

1　企業内診断士として

　中小企業診断士資格を取得した後，業務知識が得られたことで，業務に対する苦手意識がなくなりました。経営の視点から業務を分析し，システム導入に活かすことができるようになりました。その結果，顧客企業のマネージャー層からも信頼が得られるようになりました。

　以前はシステム中心のポジションでしたが，資格取得後は，より業務寄りのコンサルティングをする部署に異動することができました。異動先では，一部上場企業の管理会計や原価計算（ABM）のシステム導入というやりがいのある仕事を担当するようになりました。

　しかしこの頃，より「経営寄り」の仕事をしたいという思いが湧いてきました。IT企業の中では，どうしてもIT導入が目的になりがちです。そうではなくて，経営することを目的として力を発揮したいと思うようになったのです。

2　転職：ベンチャー企業の経営企画へ

　そこで，転職活動を開始しました。最初に内定が出たのは大手コンサルティングファームでしたが，最終的に転職先に選んだのは，ベンチャー企業の経営企画室のマネージャー職でした。決め手になったのは，やはり，より「経営寄り」の仕事をしたいという思いでした。そして，2007年に転職をし，経営トップの手足となって，経営計画・予算の作成や経営会議の運営など会社の運営にかかわることとなりました。経験はまったくありませんでしたが，中小企業診断士試験で学んだ経営全般の知識が役に立ちました。もちろんそれだけでは足りないため，毎日帰ってから書籍などで必死に勉強しましたが…。

そうした陰の努力の成果か，執行役員となり，資金調達や，決算報告，株主総会，上場準備，内部統制の導入など，会社の根幹に関与できるようになりました。

3　独立してプロコンに

順調な会社生活でしたが，また新たな夢が生まれていました。それは，独立してやってみたい，という思いと，人の心理面をサポートするカウンセラーの仕事がしたい，という思いです。

以前，システム導入の現場で働いていた時に，過酷なプロジェクトや人間関係により，メンタル面の不調を訴えるメンバーを目の当たりにしたことがありました。そのため，こういった人を助ける事ができないかと考えていたのです。心理学を学び，産業カウンセラーの資格を取得し，コーチングやNLP も学んでいました。しかし，なかなか独立してやっていく自信が持てずにいました。

そんな頃，既に独立している中小企業診断士の知人に会いに行き，経験談を聞きました。実務補修で同じグループだったメンバーや，資格取得がきっかけで知り合った人などが，一足先に独立していたのです。先輩診断士の話を聞いているうちに，不安はある程度解消されていきました。「独立して1年やってみてダメなら再就職しよう」という方針を決め，挑戦を決意しました。

4　何もない状態からのスタート

もちろん，何もない状態からのスタートでした。しかし，先輩診断士からの紹介で，徐々に仕事が入ってきました。さらに人脈を広げていくことで，現在では，中小企業向けの経営コンサルティングや，マネジメント向けの研修，政府が推進する社会起業家の育成支援事業の講師，経営層向けのコーチングやカウンセリングなど，意義とやりがいのある仕事ができるようになりました。また，雑誌に記事を寄稿したり，書籍『なぜ部下は思い通りに動かないのか』（労働調査会，2012 年）を出版したりできるようになりました。

5　さいごに

中小企業診断士資格は絶対に役に立ちます。また，勉強は途中であきらめないでください，何年かかってもあきらめなければ合格できます。皆様を心より応援しています。

12 診断士の試験制度 (1次試験・2次試験)

登録までの流れとは

中小企業診断士の試験では，まず選択式試験である1次試験を受験し合格した後，筆記試験である2次試験を受験することになります。

筆記試験に合格すると口述試験（面接）がありますが，口述試験は近年はほぼ全員が合格しています。あとは，実務補習という実習を終了すれば中小企業診断士として正式に登録できます。

中小企業診断士までのロードマップ

1次試験（選択式：7科目） 〔毎年8月〕

A 経済学・経済政策　B 財務・会計　C 企業経営理論　D 運営管理　E 経営法務
F 経営情報システム　G 中小企業経営・中小企業政策

↓ 6割以上正解すると合格

2次試験（記述式：4科目） 〔毎年10月〕

診断及び助言に関する実務の事例が4科目
1 組織（人事を含む）　2 マーケティング・流通　3 生産・技術　4 財務・会計

↓ 6割以上正解すると合格

口述試験（面接試験） 〔毎年12月〕

面接です。ほぼ全員が合格します。

↓ 問題なければ合格

実務補習（実習） 〔毎年2月，8月から15日を選択〕

試験ではないため通常は実習が終了すれば中小企業診断士として登録できます。

↓ 終了

中小企業診断士 登録！

7科目もある1次試験

1次試験では，中小企業診断士になるのに必要な基礎的な知識を有しているかが問われます。マークシートで選択するタイプの問題になっており，全部で7科目があります。すべて100点満点です。

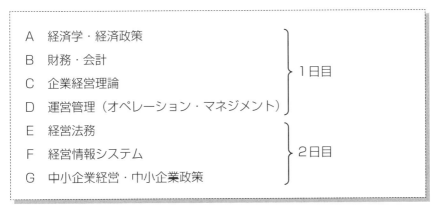

合格基準は，「総点数の60％以上であって，かつ1科目でも満点の40％未満のないこと」です。つまり，60点×7科目＝420点以上で，かつ1科目も40点未満がなければ合格となります。

また，科目合格という制度があり，全科目合計で不合格であっても，科目単位で60点以上を取れば，翌々年まで科目を免除することができます。

14頁でも述べましたが，中小企業診断士試験は**「浅く広く」7科目**もあります。下記のように，**2次試験との関連が深い科目から優先的に学習していく**のがよいでしょう。

C　企業経営理論→B　財務・会計→D　運営管理→F　経営情報システム→A　経済学・経済政策→E　経営法務→G　中小企業経営・政策

第5章では，各科目の攻略法を明らかにします。

2次試験（筆記試験）は4科目

　2次試験（筆記試験）では，事例への対応を通じて，中小企業の診断・助言を行う能力が問われます。事例を読んで，問題に筆記で解答するタイプの問題になっています。全部で4科目あります。すべて100点満点です。

　事例Ⅰ：組織（人事を含む）を中心とした事例

　事例Ⅱ：マーケティング・流通を中心とした事例

　事例Ⅲ：生産・技術を中心とした事例

　事例Ⅳ：財務・会計を中心とした事例

　合格基準は，1次試験と同様で，「総点数の60％以上であって，かつ1科目でも満点の40％未満のないこと」です。つまり，60点×4＝240点以上で，かつ1科目も40点未満がなければ合格となります。

　2次試験は，1次試験とは求められるスキルが異なります。筆記試験に苦手意識を持つ方も多いでしょう。

　第6章では，その攻略法を明らかにします。

13 合格率の推移

まず，中小企業診断士の1次試験のデータを基に，試験傾向と対策を分析します。

1次試験の合格率は20%前後

過去10年間の1次試験の申込者数，受験者数，合格者数，合格率の推移を見ると，次の表のようになっています。

1次試験の合格率の推移

試験年度	申込者数	受験者数 (A)	合格者数 (B)	合格率 (B)/(A)
平成22年度	21,309人	15,922人	2,533人	15.9%
平成23年度	21,145人	15,803人	2,590人	16.4%
平成24年度	20,210人	14,981人	3,519人	23.5%
平成25年度	16,627人	14,252人	3,094人	21.7%
平成26年度	19,538人	13,805人	3,207人	23.2%
平成27年度	18,361人	13,186人	3,426人	26.0%
平成28年度	19,444人	13,605人	2,404人	17.7%
平成29年度	20,118人	14,343人	3,106人	21.7%
平成30年度	20,116人	13,773人	3,236人	23.5%
令和元年度	21,163人	14,691人	4,444人	30.2%

推移を見ると，合格率20%ぐらいのラインを挟んで，年によって上下している様子が見てとれます。さらによく見ると，おおよそ，1年か2年おきに難易度が低くなったり，高くなったりしています。

科目合格者数の推移

　個別の科目ごとの平均点は公開されていませんが，科目受験者数と科目合格者数からおおよその難易度が推測できます。まずは令和元年度のデータを見てみましょう。

令和元年度：科目受験者数・科目合格者数

科　　目	科目受験者数	科目合格者数	科目合格率
経済学・経済政策	12,564	3,241	25.8%
財務・会計	14,157	2,310	16.3%
企業経営理論	15,026	1,625	10.8%
運営管理	12,795	2,921	22.8%
経営法務	15,075	1,530	10.15%
経営情報システム	12,285	3,271	26.6%
中小企業経営・中小企業政策	13,229	737	55.7%

※「科目合格者」数には「試験合格者」は含みません。

　この表を見るとわかるように，科目によって難易度はかなり異なります。また年度によって科目ごとの難易度が大きく変動するため，科目合格を狙う人は注意が必要です。

2次試験に照準を合わせる

　さて，2次試験の合格率は次の表のようになります。

　ここで注意が必要なのは，2次試験は前年以前に受験し合格しなかった人が，再度受験しているということです。このような人は，1年間2次試験の対策だけを行って2次試験を受験してきます。

　1次試験は記念受験的な（だめで元々と考えている）人もいますし，科

2次試験の合格率

試験年度	申込者数	受験者数 (A)	合格者数 (B)	合格率 (B)/(A)
平成 23 年度	4,142 人	4,003 人	794 人	19.7%
平成 24 年度	5,032 人	4,878 人	1,220 人	25.0%
平成 25 年度	5,078 人	4,907 人	910 人	18.5%
平成 26 年度	5,058 人	4,885 人	1,185 人	24.3%
平成 27 年度	5,130 人	4,941 人	944 人	19.1%
平成 28 年度	4,539 人	4,394 人	842 人	19.2%
平成 29 年度	4,453 人	4,279 人	828 人	19.4%
平成 30 年度	4,978 人	4,829 人	905 人	18.8%
令和 元 年度	6,161 人	5,954 人	1,088 人	18.3%

目合格だけを狙ってくる人もいるため，見かけ上の合格率よりは合格しやすいのです。

　逆に，2次試験は，1次をクリアした者だけが受験してくるため，見かけの合格率よりも難しくなります。

　よって，学習の始めの段階から2次試験を意識した勉強をしておくことが重要です。1次試験は足切りで，2次試験が本番と思っておくと良いでしょう。つまり，最も優先すべきは2次試験科目と関連が深い「企業経営理論」，「財務・会計」，「運営管理」となります。

合格戦略

　会社で経理を担当していている人は「財務・会計」が，SE であれば「経営情報システム」が得意であることが予想されます。このように，診断士の科目は得意・不得意が出やすいですが，まずは 40 点未満を取ると不合格になりますので，不得意科目で 50 点台をとれるようにすることが先決です。

　逆に，得意科目は 70 点台を目指すことで，不得意科目をカバーするようにしましょう。

　それ以外の科目は 60 点台を目指します。

　また，2 次試験と関連が深い「企業経営理論」「財務・会計」「運営管理」については 70 点台がとれる実力をつけておきましょう。

第3章 最短で合格できる学習マップ勉強法

14 シンプルな学習マップ勉強法

学習マップとは

　学習マップは，中心から周囲に枝葉が伸びている形をしています。枝葉の上にはキーワードが書きこまれており，キーワードの間の関連を表すことができます。

　学習マップは，一般的にマインドマップ®と呼ばれている図とほぼ同じですが，学習マップでは細かい書き方のルールはありません。勉強するために役立つのであれば，枝葉だけでなく，図や表，メモなどを自由に書きこんでいただいても結構です。

「6つの思いこみ」から脱却できるツール

　右の図をみて，「なんだかフクザツで大変そう」と思われた方もいるかもしれません。実際には，簡単な勉強法です。

　それだけでなく，第1章の「6つの思いこみ」から脱却できるすばらしいツールなのです。

　学習マップを使えば，試験で重要なポイントを，枝葉として整理・体系化し，スピードを上げて何度も繰り返し勉強できます。

　また，重要なキーワードだけを記述するため手早く作成でき，持ち運びやすいのでスキマ時間に繰り返し見ることができます。

　さらに，過去問を解いた後に，足りない知識を学習マップに追加し，繰り返し見ることで過去問の内容を覚えることができます。

学習マップの例

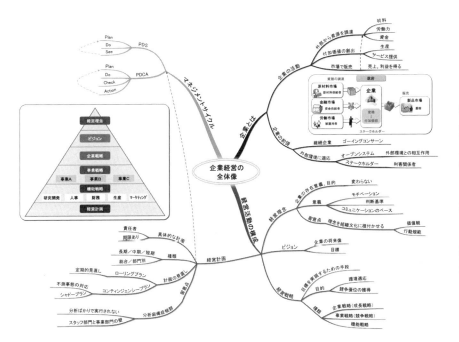

第3章

最短で合格できる学習マップ勉強法

39

15 学習マップ勉強法の基本的な流れ

　学習マップによって，試験勉強が，今までの勉強法とは比較にならないほど効率的に行えるようになります。まずは，学習マップ勉強法の基本的な流れをみていきましょう。

学習マップの作り方

　最初に学習マップを作ります。

　この段階では，覚えるべき事柄を，学習マップの上にキーワードと枝を使って記入します。テキスト等から，基本事項や重要なキーワードを拾ってきて関連付けし，学習マップの形にします。

　ここで，重要なポイントがあります。それは，**学習マップは，講座の内容を思い出すためのツールであり，そのための最小限のキーワードや記号・図等があれば良い**，ということです。これは，しっかり頭に入れておいてください。

　学習マップには，テキストに書いてある内容や文章をすべて書く必要はありません。学習マップを見た時に，自分が講座の内容を思い出せる事が重要です。そのため，極論すれば，講座の内容をいつでも完璧に思い出すことができるのであれば，学習マップは白紙でも構いません。

キーワードを書く

　よほどの天才でない限り，テキストを読んでもすべては覚えられないと思います。そこで，テキストの中で重要なキーワード（試験で重要な

ポイント）を拾って書いておきます。そうすると，後で，学習マップを見た時に，そのキーワードがきっかけとなって講座の内容を思い出せます。

　会社にいて，電話がかかってきた時を想像してください。相手は，重要な人（上司や取引先など）で，大事で複雑な用件です。あなたは，会話しながら，メモを取ります。そのメモは，会話をすべて書こうとすると書くスピードが追い付かないため，重要なキーワードのみになるはずです。電話が終わった後で，そのメモを見れば，会話の内容である重要な用件を思い出すことができます。それと一緒です。

学習マップ＝電話メモと考える

　学習マップは前述の電話メモと同じで，重要な内容を思い出すためのものです。そのため，後で自分が思い出せるのであれば，どんなにキーワードが少なくても，どんな形でも構いません。また，キーワードではなく図表や記号の方が思い出しやすければ，図表や記号を書いても良いのです。

　また，電話のメモと同じで，会話のスピードぐらいで作成できます（慣れればもっと早く作成できます）ので，通学講座や，動画・音声の通信講座などを利用されている方は，講義中に学習マップを完成させることができます。

　学習マップの作成は，最初は少し戸惑うかもしれませんが，2，3日試してみると慣れるはずです。くわしい作成方法は，後ほどご紹介します。

学習マップで復習する方法

　学習マップを作成したら，学習マップを持ち歩き，復習を繰り返し行います。

> 最初は，学習マップを見ながら，テキストや講座の内容を思い出します。枝葉の関連をたどって，キーワードから芋づる式に導き出していきます。

> 次に，学習マップ自体の形を覚えるようにします。

> 何も見なくても学習マップが思い浮かび，さらにそこからテキストや講座の内容を思い出せるようになれば完璧です。頭の中に完全にテキストや講座の内容が記憶されたことになります。

問題練習を行い，学習マップに知識を追加して復習する

　講座の内容をだいたい思い出せるようになったら，今度は過去問などを使って問題練習をします。

　解説を読み，間違ったこと，覚えていなかった箇所など，試験で必要な追加知識を，学習マップにキーワードで追加します。

　特に，重要なところや，2度と間違えたくない箇所には，色を付けたり記号を記入するなど，目立たせると効果的です。こうすることで，学習マップには，試験で合格するために必要なすべての知識が追加されます。

　その後で，知識が追加された学習マップを持ち歩き，再び繰り返し復習をすれば，試験合格に必要な知識もしっかり覚えることができます。

学習マップ勉強法の基本的な流れ

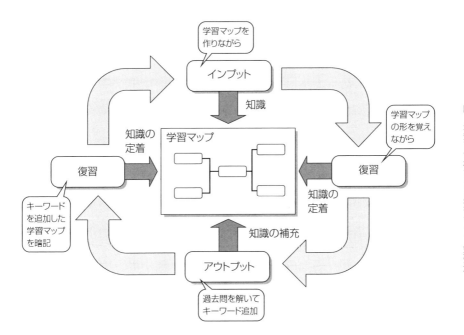

16 学習マップ勉強法のメリットとは

圧倒的に短い時間で復習できる

　最大のメリットは，他の勉強法に比べて圧倒的に短い時間で復習できることです。学習マップには重要なキーワードだけが書かれているので，復習する時も，重要なポイントのみ効率的に復習できます。

　通常，テキストの文章には，復習にとっては「無駄」な部分がたくさんあります。細かい説明の部分や，重要度が低い部分，文単位で見れば，形容詞，副詞，接続詞などは復習の際には必要ない部分です。学習マップでは，こうした無駄な部分をそぎ落とし，覚えるべきエッセンスだけを抽出します。そのため，学習マップで復習すれば，テキストを読み返すのに比べて圧倒的に短い時間で復習できます。

全体像を意識しながら学習できる

　中小企業診断士試験は，非常に範囲が広いため，今どこを勉強しているかがわからなくなりがちです。そうなると，情報の「迷子」になってしまい，勉強の効率が下がってしまいます。

　学習マップを作成することにより，学ぶ内容の全体像が一目でわかります。全体像を意識しながら学習することにより，情報の位置付けが明確になり，効率よく勉強することができます。

知識の体系・関連がわかるので，覚えやすく・思い出しやすい

　学習マップでは，知識の体系や関連が一目でわかります。

丸暗記ではなく，知識を体系付け，関連付けしながら勉強すると，記憶しやすくなります。また，思い出すときにも，知識の体系・関連をたどって思い出していくことができるので，知識が芋づる式に出てきます。

２次試験で使える知識になる

　丸暗記した知識は，事例問題である２次試験には役に立ちません。

　学習マップで知識を体系化・関連付けしておけば，２次試験にも使える知識になります。

短時間で作成できるし追加も自由である

　学習マップには文章ではなく，キーワードだけを書くため，サブノートやカードを作成するのに比べて短い時間で作成できます。

　また，過去問や問題集などを解いて間違った場合には，学習マップの適切な場所に新しい知識を書き加えることができます。この学習マップを復習すれば，同じ問題を２度と間違わないようにすることができます。

覚えやすく忘れにくい理由

　通常の勉強では文章中心の記憶（左脳型）しか使いません。しかし，学習マップを使うと形や色といったイメージ記憶（右脳型）を使うことができます。学習マップの形や色などを記憶しておくと，イメージ記憶を文章の記憶と一緒に使うことで，思い出しやすくなります。

17 1次試験までの３ステップ

　学習マップ勉強法では，１次試験まで３段階のステップで学習します。

インプット中心の基礎力養成期

　まず，基本的な知識や体系を頭にインプットします。ここでは，細か
い知識を覚える必要はありません。木でたとえると，小さい枝や葉では
なく，幹や大きな枝を頭に定着させることを目標にします。

> まず，テキスト等から基本知識を抜き出して学習マップを作成します。
> ここではまだ細かい枝葉の部分は必要ありません。また，内容を思い出
> せれば良いので，最小限のキーワードだけ書くようにしましょう。

> 次に，作成した学習マップを使って，内容を思い出す練習をします。こ
> れを，繰り返すことで，基礎知識と体系が頭にインプットされます。ま
> た，この段階で，基本的なチェックテストを行って，知識が定着したこ
> とを確認しながら進んでも良いでしょう。

　なお，このステップはできるだけ早く卒業して，早く次のステップに
進むのが重要です。

アウトプットの実力養成期

　次は，過去問などの問題演習（アウトプット）を行い，問題が解ける
実力をつけることを目標にします。

まず，過去問や実践的な問題集を解きます。この時点では，答えが間違っても問題ありません。時間をかけ過ぎずに解説を読み，足りない知識や間違って理解していた知識を明らかにします。そして，その知識をキーワードやメモとして学習マップに追加します。

その後，学習マップを繰り返し復習します。こうすることで，同じ過去問が出た場合は，確実に正解できるようになります。

このように，学習マップは，最初は小さく作って，問題を解きながら徐々に成長させていくのがポイントです。

仕上げの直前対策期

このステップは，試験直前の1カ月間程度の仕上げの期間になります。ここで，合格点を確実にとるための実力を身につけます。

本番の試験と同じ制限時間の中で過去問や模擬試験を解きます。

間違った問題についてはなぜ間違ったのかを分析し，必要であれば学習マップに追加・修正をしていきます。

最後に，試験での対応方法や試験テクニックを身につけ，本番に向けた準備を万端にします。

3段階のステップを踏んで勉強すれば，学習マップは頭の中にしっかり定着し，自信を持って本番の試験にのぞむことができます。

18 学習スケジュールの立て方

３つのステップをスケジュールに落としこむ

46頁のように，学習マップ勉強法には，３つのステップがあります。

学習スケジュールの作成では，まずはこの３つのステップをどれぐらいの期間で行うのかを決めます。

資格学校の通学講座を利用される方は，そのスケジュールをベースにすると良いでしょう。一般的な通学講座では，基本講義，答案練習，直前対策等に分かれています。これをベースに，３つのステップを考えれば結構です。

独学や通信講座で勉強される方は，自分自身でスケジュールを立てる必要があります。前提知識や毎日の勉強にかけられる時間，学習を開始した時期，合格を目標とする時期等の要因によって，最適なスケジュールは変わってきますが，以下のような目安でスケジュールを作成すると良いでしょう。

スケジュールを作成しても，計画通りに進まないこともあるかもしれません。そういった場合は，柔軟にスケジュールを変更しましょう。

合格するためには，スケジュールにこだわるのではなく，とにかく最後まで完走することが最も重要です。

基礎力養成期は早く終える

前述のように，このステップはできるだけ早く卒業したいものです。ただし，前提知識の多い少ないによって期間が変わってきます。

> **既に試験分野の前提知識がある程度ある人**
>
> 　このステップは早く卒業して，次のステップに進む。
>
> **まったく前提知識がない人**
>
> 　ある程度基礎が身につくまで時間をかける。ただし，次のステップに進むまでに，内容は全部理解する必要はなく，全体像と概要がわかったら，早めに次のステップに進み，問題練習をしながら実力をつける。

できるだけ時間をかけたい実力養成期

　試験で合格するために，最も重要なステップですので，できるだけ時間をかけたいところです。過去問や問題集を解きながら実力をつけていきます。足りない知識があれば，テキストに戻って復習し，学習マップに追加します。

苦手分野を克服する直前対策期

　一般的には試験直前の1カ月以内の期間です。実力養成期で判明した苦手分野の克服や，試験前の最後の仕上げを行います。

19 学習スケジュールシート

科目ごとのスケジュールを管理する

　学習ステップごとの期間を決めたら，科目ごとの学習スケジュールを作成します。

　個人的な意見では，学習スケジュールは，細かく作成しすぎない方が良いと思います。科目単位で期限を決めておき，その中で臨機応変に学習時間を調整する方が，スケジュールの変更などに振り回されなくて済みます。

　下のように，Excelを活用して学習スケジュールシートにまとめておくと便利です。

学習スケジュールシート

	A	B	C	D	E	F	G	H	I	J	K	L	M	N
1	学習スケジュール													
2		学習開始日		2019年11月3日										
3		学習終了日		2020年10月25日										
4														
5	タスク		優先度	備考	11/3	11/10	11/17	11/24	12/1	12/8	12/15	12/22	12/29	1/5
6	【マイルストーン】													
7	1次模擬試験			7月1日										
8	1次試験			8月1日										
9	2次模擬試験			9月30日										
10	2次試験			10月25日										
11														
12	1次試験													
13	【基礎知識定着ステップ】			11月―4月										
14	企業経営理論		A											
15	財務・会計		A											
16	運営管理		A											
17	経営情報システム		B											
18	経済学・経済政策		C											
19	経営法務		C											
20	中小企業経営・政策		B											
21														
22	【過去問定着ステップ】			5月―6月										
23	企業経営理論		A											
24	財務・会計		A											
25	運営管理		A											
26	経営情報システム		B											
27	経済学・経済政策		C											

　※　なお，学習スケジュールシートのExcelテンプレートは，以下のページからダウンロードできます。 https://studying.jp/shindanshi/learning/

学習スケジュールシートの作り方とは

学習スケジュールシートの作り方は下記の通りです。

1　マイルストーンを入れる

まず，マイルストーンという欄を作り，試験日などのイベントを記入します。この欄は，1次試験や，模擬試験などの主要なマイルストーンがいつ発生するのかを確認するために使用します。

タスク	優先度	備考	6/1	6/8	6/15	6/22	6/29	7/6	7/13	7/20
【マイルストーン】										
1次模擬試験		7月1日								
1次試験		8月1日								
2次模擬試験		9月30日								
2次試験		10月25日								

2　各学習ステップのスケジュールを入力する

次に，各学習ステップ毎のスケジュールを入力します。科目別にスケジュールを作成しておくとよいでしょう。

タスク	優先度	備考	11/3	11/10	11/17	11/24	12/1	12/8	12/15
【マイルストーン】									
1次模擬試験		7月1日							
1次試験		8月1日							
2次模擬試験		9月30日							
2次試験		10月25日							
1次試験									
【基礎知識定着ステップ】		11-4月							
企業経営理論	A								
財務・会計	A								
運営管理	A								
経営情報システム	B								
経済学・経済政策	C								

スケジュールの作成・遂行上の注意点

　スケジュールを作成遂行する上で，以下の点に注意する必要があります。まず1つは，**「財務・会計」の科目になじみがあるか**です。

　この科目は，会計，特に簿記の知識が事前にあるかどうかで，学習時間もかなり変わってきます。簿記2級以上を取得している方や，それと同等の知識・経験をお持ちの方だとだいぶ有利だと思います。もちろん簿記3級でも基本的な仕訳などに慣れているのでだいぶ違います。

　なじみがないという方は，早めに知識を身につける方がよいでしょう。

　もう1つは，**スケジュールをきちんと作成していても，どうしてもわからないところが出てきて，なかなか先に進まず，遅れてしまう場合**の対処です。こうした場合はどうすれば良いのでしょうか？

　ケースバイケースですが，**基本的には飛ばして先に進む**方が良い場合がほとんどです。その理由として，わからないところは試験に出ないかもしれないこと，その時間を他の科目や過去問練習にあてた方が効率的なこと，そもそも試験までに勉強が一通り終わらないと，合格する可能性が低くなること，後の段階でその箇所を振り返ると簡単に理解できる場合があることなどがあげられます。

　大事なのは，「今，最も効率よく得点を上げるためには何をすれば良いのか」を考えながら勉強することです。そうすれば，通常は，難しい内容に時間をかけるより，先に進んだ方がよいという判断になるでしょう。

第4章 学習マップ勉強法の基礎

学習マップの作成と復習方法をマスターしよう

20 学習マップの作成手順

中心にテーマを書く

　では，学習マップの作成手順をくわしく見ていきましょう。

　まず，基になるテキストや講座資料を準備します。テキストは細かすぎず，重要なポイントがわかりやすいものの方が向いています。また，試験で重要な箇所や，重要なキーワードが色分けされていたり，太字になっていると学習マップを作成しやすくなります。

　そしてテキストから，学習マップを作成していきます。

　最初に，学習マップの中心テーマを真ん中に記入します。中心テーマは，テキストの章などの大項目にすると良いでしょう。

　その後，学習マップの太い幹の部分から作っていきます。テキストの章の中にある，大見出し，小見出しを基にすれば簡単に幹を作ることができます。その後で，枝葉として，試験で重要なキーワードと特徴などを追加していくのです。

実際にやってみましょう！

　ここからは実際の例を見ながら，学習マップの作り方を一緒に学んでいきましょう（例で扱うテーマは科目「企業経営理論」の「経営戦略論」の中の「ドメイン」です）。

1本目の枝とその広がり

ドメイン

　最初は，ドメインから見ていきましょう。

　戦略では，どう戦うかを検討するまえに，どこで戦うかということが重要です。これを表す言葉がドメインです。そのため，企業戦略の作成では，ドメインの定義が第一歩になります。

🎯
重要！
　ドメインは，事業を行う領域を表します。具体的には，誰に，何を，どのように提供するのかを定義するのがドメインになります。ここでポイントは，「何を」だけではないということです。つまり，商品の分野を決めるだけでなく，「誰に」という顧客の視点を持つことが重要です。

　ドメインを定義する目的として，意思決定を明確にできる，経営資源を集中できる，組織を一本化できるという点が挙げられます。

テキストより抜粋①

　では，これを基に，学習マップの枝の部分を作成していきましょう。

　最初は，中心テーマから書いていきます。今回は中心テーマは「企業戦略」にしました。次に「ドメイン」という枝を作成します。

企業戦略　──── ドメイン

テキストを見ていくと「ドメインは，事業を行う領域を表します。」という部分に重要マークが記されています。定義ですから，ドメインから「事業領域」という枝を伸ばします。ただ，「事業領域」が具体的に何を指しているのかは，この学習マップからは思い出しにくいですね。

　テキストを見ると，「具体的には，誰に，何を，どのように提供するのかを定義」とあります。これは，「事業領域」を具体的に説明したものです。枝を伸ばします。また，最後の1文の目的は重要そうなので，技を追加します。なお，このまとめ方は例ですので，自分で思い出しやすい言葉にしていただければと思います。

2本目の枝とその広がり

> 逆に，もしドメインを定義しないで経営すると，どうなるでしょうか？
>
> おそらく，社員それぞれで，意思決定の方向性がバラバラになります。また，あちこちに手を出す結果，経営資源も集中できず，組織の一体感もないでしょう。このように，ドメインは企業の力を1点に集中することに役立ちます。
>
> ドメインを定義するポイントは，経営資源や社員の努力が分散することを避けるということです。つまり，ある程度，事業範囲を絞ることがポイントです。ドメインが広すぎると，たくさんの競合と戦わなくてはならないため，競争が激化してしまいます。また，社員の力が広い範囲に分散するため，一点に注力している競合に負けてしまうでしょう。
>
> ただし，事業範囲を絞りすぎると，対象とする市場が小さくなりすぎて，事業が成立しなくなる可能性があります。よって，広すぎず狭すぎず，適度な範囲にすることがポイントです。
>
> **テキストより抜粋②**

　テキストの続きを見ていきます。まずは重要な箇所を探します。2段落目は，前の目的の説明を補足説明したものと考えられます。そのため，あえて記述しないことにします。

　次の「ドメインを定義するポイントは（略）」は重要そうに見えます。そこで，この部分の枝を作ります。文章の中のキーワードをまとめて学習マップに記述します。

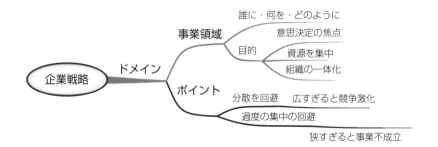

3本目の枝とその広がり

企業ドメインと事業ドメイン

　大企業の多くは，複数の事業領域を持っています。例えば，現代の日本の鉄道会社の多くは，鉄道だけでなく，路線バスやタクシー，百貨店，スーパー，旅行代理店，不動産など様々な事業に進出しています。

　そのため，ドメインにも，企業全体を表すものと，各事業単位のものの2つのレベルが存在します。企業全体を表すドメインが企業ドメイン，事業単位のドメインが事業ドメインです。

　単一の事業を営む企業では，企業ドメインと事業ドメインは同じになります。

　一方，複数の事業を展開している（多角化している）企業では，企業ドメインは，複数の事業ドメインを包括することになります。この場合，企業ドメインは，企業の戦う範囲（事業）を限定することに役立ちます。

　例えば，先ほどの日本の鉄道会社の例でも，やみくもに事業に進出しているわけではありません。多くの会社は，鉄道を利用する顧客や沿線の住民を軸に全社ドメインを定義しています。鉄道の利用客，沿線住民という限定を置くことで，進出する事業に制限をかけているわけです。

テキストより抜粋③

　ここでは，ドメインには企業ドメインと事業ドメインという「種類」があることがわかります。そこで，種類についての枝を作り，2つのドメインを記述します。

　例では，企業ドメインと事業ドメインの説明等を表すキーワードは省いています。これは，企業ドメインと事業ドメインという名前を見ただけで思い出せると判断したためです。学習マップはすべてのことを書く必要はありません。

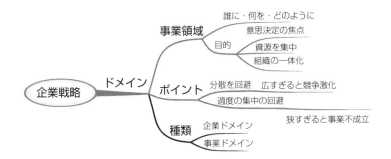

4本目の枝とその広がり

ドメインの定義方法

　ドメインの定義方法には，物理的な定義と，機能的な定義があります。物理的な定義は，ドメインをモノとして定義します。機能的な定義は，ドメインをコトとして定義します。例として，米国の鉄道事業がよく挙げられます。米国の鉄道事業は，自身を「鉄道」事業者として物理的に定義していました。その後，自動車や航空機などの産業に押されて衰退してしまいました。もし，ドメインを「鉄道」ではなく，顧客から見た「運輸業」として機能的に定義していれば，トラックを利用した輸送に進出するなど，別の選択肢もあったかもしれません。

　このように，ドメインを物理的に定義した場合，顧客の視点がなく事業展開が制約されてしまいがちです。この現象をマーケティング・マイオビアと呼びます。マイオビアは近視眼という意味です。これを避けるためには，顧客視点で見た機能的なドメインの定義にするほうが有効です。

　ドメインを機能的に定義した場合，事業展開が発展的になります。ただし，あまりにも抽象的に表現した場合は，わかりにくくなり，先ほどご紹介した分散を回避するという目的を達成できなくなるため，注意が必要です。

テキストより抜粋④

　ドメインの定義方法が記述されています。物理的な定義と，機能的な定義があることがわかります。そのため，学習マップにはこの2つの定義方法を追加します。また，それだけではわかりにくいので，それぞれ，

モノ，コトとして定義されることを記入します。また，利点や欠点は，試験で問われやすいポイントなので追加しておきます。

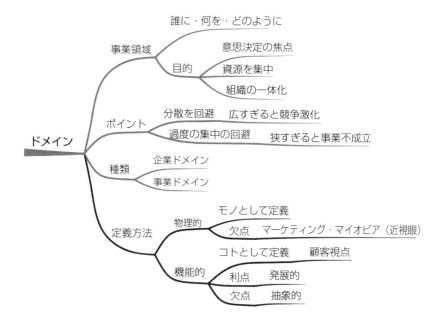

5本目の枝とその広がり

　今度は，「ドメインの切り口」の説明があります。切り口は３つありますので，３つの枝を作成します。それぞれ内容が思い出せるようであれば，細かいキーワードを書く必要はありません。思い出しにくいようでしたら，説明や具体例を表すキーワードを追加しましょう。

完成版

ドメインの転換

　ドメインは，一度定義したら変えないものではなく，環境変化に適応して，時代にあわせて変更していくことも必要です。例えば，先の例で出てきた IBM は，以前はメインフレーム中心のコンピューターメーカーでした。この時の IBM のドメインはコンピューターという技術軸だったと考えられます。しかし，ハードの競争激化という環境変化に直面して，ドメインを機能軸のソリューション・ビジネスに転換しました。その結果，経営変革に成功し，業績を向上させることができたのです。

　このように，ドメインは企業を取り巻く環境が大きく変化した場合には，再定義する必要があります。

　ドメインの定義は，企業戦略作成の第一歩です。そのため，ドメインを転換する際にも，SWOT 分析などを行い，外部環境，内部環境を分析した上で決定していくことが重要です。

テキストより抜粋⑥

　ここでは，「ドメインの転換」が述べられています。

　ドメインの転換は，「環境変化に適応」して再定義することであるため，この部分を枝として追加します。

　これで，ドメインについてはすべて学習マップに整理されました。

　完成した学習マップを見ると，ドメインの定義である「事業領域」，「ポイント」，「種類」，「定義方法」，「切り口」，「ドメインの転換」について，整理されて表現されていることがわかります。また，元のテキストでは，ドメインについては長々と説明されていましたが，学習マップを見ると，コンパクトにまとまっていることがわかります。

　このように，学習マップには覚えるべきことが圧縮されていますので，復習は高速に行えます。これを読みかえせば，ドメインについての重要事項が思い出せます。何度も復習するうちに，ドメインの重要事項が頭にしっかり記憶されます。学習マップを使った復習方法は後でご説明します。

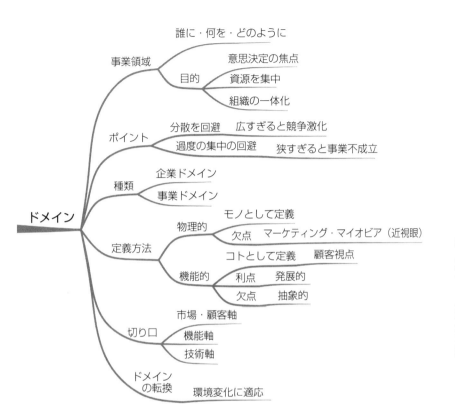

21 5W1Hでキーワードを選ぶ

キーワードが肝心

　学習マップ勉強法を学んだ人から，「学習マップにはどのようなキーワードを書けばよいでしょうか」というご質問がよくあります。

　そこで，学習マップの枝に記入するキーワード選びのコツをご紹介しましょう。

　通常，テキストではあるテーマについて，いくつかの文章で説明されているはずです。

　学習マップでは，この文章を，まず「項目別」に分解することがポイントです。項目というのは，属性や特徴などを表します。

　文章などを作成するときに，「5W1Hを意識しましょう」と言われたことはないでしょうか？　5W1Hは，典型的な項目です。誰が（Who），何を（What），いつ（When），どこで（Where），なぜ（Why），どのように（How）行ったかを整理してから書くことで，わかりやすい文章になります。

　学習マップも文章と同じで，整理することが重要です。

　学習マップを作成すると，頭がフル回転するのが実感できると思います。それは，頭の中で，テキストの情報を取捨選択しながら，内容を整理するからです。

COLUMN

フィンランド・メソッド

　フィンランドという国は，世界の中でも教育水準が非常に高いことで知られています。特に，読解力の分野では，OECD の「学習到達度調査」で世界１位になるなど，国語教育の先進国として注目されています。そのフィンランドの教育では「フィンランド・メソッド」と呼ばれる独自の教育方法で，子供の頃から，論理性や思考力を育成しています。その方法ですが，学習マップに似た「カルタ」と呼ばれる図を使います。

■フィンランドの教育で使う図の例

　テーマを中心に書き，「だれが，いつ，どこで，何を，どのように，なぜ」という項目を周囲に書きます。そして，授業では，集団で項目の周りに枝葉を記入していきます。こうすることで，小さい頃から思考を整理する習慣が身につきます。その結果，論理性や思考力が高まるのです。

22 学習マップ作成のコツ―基本編

「項目」を意識する

中小企業診断士試験では，５Ｗ１Ｈ以外にも以下のような「項目」を意識することが重要です。

- 定義
- 目的
- 特徴
- メリット／デメリット
- 実施方法
- 留意点

特に，「メリット／デメリット」は，よく出てくる項目です。たとえば，生産管理では様々な生産形態が出てきますが，それぞれにメリット／デメリットがあります。試験で問われやすいポイントですので，項目として対比させて覚えておきましょう。

なお，メリット／デメリットを学習マップに書く際に，毎回書くのは時間がかかるので「M」「D」など，記号を決めておくと，素早く書くことができます。

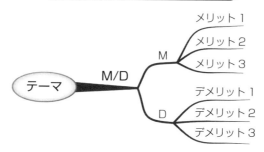

メリット・デメリットの書き方

キーワードは短く

　項目を整理したら，その項目の説明にあたるキーワードを書きます。説明調の文章はなるべく書かずに，項目名や，思い出すためのキーワードだけを書くのがポイントです。

最初は幹だけを書き，後で枝葉を追加する

　学習マップは，どんどん成長させていくものです。最初から，細かい部分まで書く必要はありません。全体の概要を表すような大まかな学習マップだけでも結構です。テキストの目次などを見ながら作成するのも良いでしょう。

すべてのテーマについて作成する必要はない

　学習マップはすべてのテーマについて作成する必要はありません。試験で重要なところから作成しましょう。学習マップを作り始めると，すべてのテーマについて作ることが義務のように感じられてくるかもしれませんが，そうではありません。あくまで，学習マップは試験に合格するためにありますので，試験でよく出る重要箇所から作るのが正解です。

　また，直前期で問題練習に充てる時間がなくなるようであれば，問題練習を優先しましょう。

23 学習マップ作成のコツ―発展編

キレイに書く必要はない

　学習マップはキレイに書く必要はありません。自分さえわかれば，見た目は全く気にしなくて結構です。重要なのはスピードです。早く作成し，早く復習ができれば，それだけ覚えられる可能性が高まります。

　また，全部の内容を自分で書く必要はありません。

　覚えるべき図や表などがテキストに書いてあれば，それをコピーするなどして学習マップの余白に張り付けても構いません。パソコン上で学習マップを作成されている方は，WEBの図などをコピーしても良いでしょう（コピーする場合は，自己使用の範囲で行ってください）。

　学習マップは手抜きすることで早く作り，復習に時間をかけましょう。

　また，学習マップには，最初から細かい内容を書かずに，後で追加できるようにしておきます。過去問練習などを行うと，試験で必要な細かい知識がはっきりしてきます。こういった細かい知識は後で追加するようにします。そのためには，ある程度余白があることが重要です。後で枝やメモを追加することを想定して，枝の間や周囲には多少余白を空けておきましょう。

色や記号，図などのイメージをうまく使う

　学習マップに色や記号，イメージをつけることで記憶に残りやすく思い出しやすくなります。

　たとえば，特に重要なキーワードには，色を付けるとその部分が覚え

やすくなります。3色ボールペン等を使って，重要キーワードを色で目立たせるとよいでしょう。また，色のルールを決めておくと，記憶する優先度が一目でわかります。たとえば，以下のようなルールです。

赤：最重要キーワード

青：次に重要なキーワード

緑：過去問・問題練習で間違ったり，後で追加した知識

具体例と関連付けて記憶する

第1章の8頁でご紹介したように，具体例で覚えると記憶率と理解度が上がります。特に，2次試験や最近の1次試験で増えている短い事例問題（ショートケース）では，理論を現実の具体例に適用する必要があります。

たとえば，競争地位別の戦略の例でも，それぞれの競争地位の下に，企業名の具体例を記入しておきます。このように，具体例や身近で思い出しやすいものを学習マップに加え，一緒に記憶するようにすると，後で思い出しやすくなります。

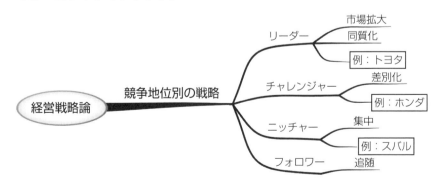

24 学習マップの復習 "記憶フラッシュ"

　学習マップを作成したら，いよいよ復習を行います。この手順が最も重要かつ，学習マップの強力なところです。復習していくうちに，学習マップが自由に思い出せるようになっていきます（なお，学習マップを使った復習のことを「記憶フラッシュ」と呼びます）。

　学習マップを使った復習の手順を見ていきましょう。

学習マップを見ながら講座の内容を思い出す練習をする

　まずは，学習マップを見ながら講座の内容を思い出すことを目標に練習します。

　キーワードと関連をたどって，順番に，講座の内容をできる限り思い出します。このとき，自分や他の人に，学習マップを見ながらそこに書かれている内容を説明するようなイメージで，実際に声を出して説明することも非常に効果的です。

　1回思い出すことができれば，2回目はもっとスムーズに短時間で思い出すことができます。これを数回繰り返すと，1枚の学習マップの内容を，数分で復習できるようになります。

　学習マップは，印刷するか，スマートフォンに取り込んで見るなどの方法で常に持ち歩くようにします。そして，通勤時間や，休憩時間，待ち時間など，ちょっとしたスキマ時間に必ず読み返すようにします。学習マップを見ながら講座の内容をできる限り思い出すのです。

　こうしているうちに，学習マップというきっかけさえあれば，テキストや講座の内容を思い出せる状態になります。

学習マップを見ずに講座の内容を思い出す練習

　次は，学習マップを見ずに講座の内容を思い出す事を目標に練習します。

　まず，学習マップを注意深く見て，できるだけすべてを記憶するようにします。形や色，キーワードの位置も含めて記憶するのです。「覚えられるわけないよ」と思うかもしれませんが，集中してコツをつかめば，かなり覚えられるようになります。ぜひ，「絶対覚えるんだ」という前向きな気持ちで取り組んでください。

　次に，学習マップを隠します。目をつぶっても結構です。そして，学習マップを見ずに，学習マップ自体を思い出してください。
　記憶の中で，学習マップの形を思い出します。中心のテーマからどのような枝が伸びていたでしょうか？　その枝の先にはどのような枝とキーワードが伸びていたでしょうか？　これを，あたかも目の前に学習マップがあるかのように，できるだけ視覚的に思い出すのです。

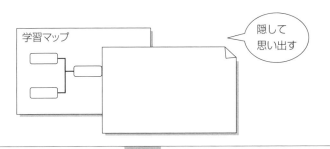

　さらに，学習マップを思い出しながら，講座の内容も思い出します。講座の内容を思い出すことで，逆に学習マップの形も思い出しやすくなります。つまり「講座の内容の記憶」と「学習マップのイメージ記憶」の２つを使うことで，相乗効果が働き，両方とも思い出しやすくなるので

す。これ以上はもう思い出せないという段階までこれを行います。

その後で，もう一度学習マップを取り出します。そして，思い出した
学習マップと，実際の学習マップを比べてみましょう。これで，記憶が
間違っていた部分がわかります。

そして，今度はその箇所に集中して，注意深く覚えるようにします。
再度，学習マップを隠して，学習マップと講座の内容を思い出すように
します。限界まで思い出したら，学習マップを取り出して，思い出した
学習マップと，実際の学習マップを比べます。

この繰り返しを行っていくと，学習マップを見ずに，学習マップと講
座の内容が思い出せるようになります。ここまでくれば，頭の中にテキ
ストの重要箇所がすべて入ったことになります。

イメージ記憶を使って学習マップを覚えよう

　学習マップを覚えたり，思い出したりするにはイメージ記憶を使いま
す。これは，人によってやりやすいと感じる人と，難しいと感じる人が
いるようです。ですが，すべての人はイメージ記憶を持っているため，
練習次第でできるようになってきます。

　イメージ記憶の例を試してみましょう。目をつぶって，自分の家の
玄関の前に立っている状況を思い浮かべてください。

　おそらく，おぼろげにでも思い出せるはずです。

　ちなみに，自分の家のイメージ記憶は強力なので，これを活用した記
憶術もあります。覚えたいものを，玄関から順番に，自分の家の中のあ
ちこちに「置いて」おくのです。もちろん，置くのはあくまでイメージ
の中です。思い出す時には，イメージの中で玄関から家に入り，そこに

ドアはどこにあるでしょうか？
カギはどうなっているでしょうか？

「置いて」あるものを見つけます。そうすると，家の中を歩き回れば，すべて思い出せるというわけです。この記憶術も，練習次第で使えるようになります。

イメージ記憶は繰り返しで覚える

　イメージ記憶は，他の記憶と同じように繰り返すことで記憶されます。自分の家の記憶も，毎日の繰り返しで定着したものです。

　そのため，**学習マップを記憶するには，何度も見ることと思い出すことを繰り返すことが重要です**。前の手順のように，学習マップを見たら，目をつぶるなどして，イメージの中で思い出しましょう。最初は，少ししか覚えられなくても，繰り返すうちに覚えられるようになります。

25 学習マップを記憶するコツ

　学習マップ勉強法では，学習マップを何らかの形で記憶することがポイントです。そこで，学習マップを記憶するコツをご紹介します。

学習マップを視覚的に記憶する

　学習マップを記憶するコツは，学習マップを覚えようとして見る時に，学習マップの枝の色や，形，場所を視覚的に覚えるようにすることです。そして，思い出す時には，できるだけ色や，形，場所を視覚的に思い出すようにします。目の前に学習マップがあるかのように視覚イメージで思い出すのです。

　頭の中で「このあたりに枝があったな」「ここで枝が4つに分かれていたな」「ここには色がついていたな」というように，視覚イメージを思い浮かべながら思い出すのがポイントです。

応用編：音読を併用する

　学習マップを覚える時に，音読を併用するとより効率的です。学習マップを見ながら，キーワードについて口頭で説明するのです。説明する相手は必要ありません。あたかも，誰かがそこにいるように（もしくは自分自身に対して），説明をします。これを行うと，視覚のイメージ記憶だけでなく，聴覚の記憶も残りますので，より記憶が多面的になります。よって，思い出せる可能性が高まるのです。

　さらに，音読をすると脳の働きが活発になります。特に，脳の中でも前頭前野という，インプットされた情報を統合して理解・判断する箇所

が活発に働くことが知られています。これにより、集中力や記憶力が高まり学習効果が高くなります。

応用編：学習マップを思い出して書く

　学習マップを思い出す時に、頭の中で学習マップを思い浮かべるだけでなく、実際に学習マップを書いてみるとより効率的です。

　思い出しながら書いた学習マップを、実際の学習マップと比較します。こうすれば、2枚の学習マップを並べて比較できるので、間違っているところは確実にわかります。間違ったところを特定して、その部分を次に集中して覚えることができます。

　これを繰り返していくと、思い出して書いた学習マップが、だんだん実際の学習マップに近づいていくのがわかります。思い出して書いた学習マップが、実際の学習マップと同じになれば、完全に覚えたことになります。あなたの頭の中に、実際の学習マップが写真のように入っているはずです。

　この方法は、学習マップを書く必要があるので多少時間はかかりますが、確実に記憶できる方法なので、試験で優先度が高いところや、確実に覚えたいところに使うと非常に効果的です。

26 「感覚タイプ」を知ると効果的

　私達は普段，五感を通じて色々な情報を得ています。五感とは，視覚，聴覚，触覚，味覚，嗅覚です。学習するときは五感を使って得た情報を脳に送り，そこで今までの知識や経験と結び付けるなどして情報に意味づけをし，情報を加工します。そして，最後に記憶するのです。

自分の優位な感覚はどれかを知る

　通常，人によって五感のうち優先して使っている感覚（優位な感覚）があります。

　NLP という心理学の一分野では，五感のうちどの感覚が優位かによって，3 つのタイプに分類します。

- 視覚型（V：Visual）：　視覚が優位
- 聴覚型（A：Auditory）：　聴覚が優位
- 身体感覚型（K：Kinesthetic）：　触覚，味覚，嗅覚が優位

　視覚型の人は，視覚から情報をインプットして，視覚的イメージで記憶するのが効果的です。

　聴覚型の人は，音声で情報をインプットして，言語的なイメージで記憶するのが効果的です。

　身体感覚型の人は，練習問題を解きながら学び，体験的に記憶するのが効果的です。

感覚タイプ診断とそれぞれの学習マップとの相性

視覚型

- □ 図表など書かれたものを見て学ぶのが好き。
- □ 状況や図表などのイメージをよく思い出す。
- □ 体系的に話す。イメージや図を多用する。
- □ メールや文書などで書いて伝えることを好む。

このタイプは

　視覚型の人は，学習マップ勉強法は「なじみやすい」と感じると思います。自分が得意な感覚である視覚イメージを活用できるからです。その得意分野を活かして，学習マップをイメージで記憶するようにすれば短期間で試験に必要な知識が得られます。

　注意点は，学習マップという視覚情報に頼りがちで，問題演習などの手を動かす練習がおろそかになりがちなことです。できるだけ早めに過去問練習を行いましょう。過去問練習を行いながら知識を追加していくことができれば，このタイプの人は合格できます。

学習マップと相性バッチリ!!

聴覚型

- □ セミナーなど話された言葉で学ぶのが好き。
- □ 話の内容や音の調子，音楽などをよく思い出す。
- □ 流暢に抑揚をつけて話す。話すのが好き。
- □ 話をすることで伝えることを好む。

このタイプは

　聴覚型の人は，耳で聞いたり口で話した事をよく覚えます。そのため，講座を聴きながら学習マップを作成したり，学習マップを復習するときに音読するとより効率的です。

　注意点は，音声記憶に頼りがちなため，知識の全体像や体系の理解がおろそかになりがちなことです。

　対策としては，学習マップを作ること・見ること自体が，とても役に立ちます。講座を聴いたりテキストを読むだけでなく，学習マップをあわせて見ることで，全体像や体系を理解しながら学ぶことができます。

講座を聞きながら作成＆音読で復習

身体感覚型

- □ 体験や実習など行動することで学ぶのが好き。
- □ 行動したことや起きたこと，感情などをよく思い出す。
- □ 手や体を動かしながら話す。行動や感情について話す。
- □ 会話中にジェスチャーを入れたり，相手に触れることを好む。

このタイプは

　身体感覚型の人は，実際に手を動かしたり体験したことをよく覚えます。そのため，過去問や問題演習を行いながら学ぶとより効率的です。

　注意点は，基本的な内容を理解する前に，過去問に挑戦しがちであり，挫折してしまう恐れがあることです。

　対策としては，過去問演習をする前に，全体像と最低限の基礎知識を学習マップで勉強しておくことです。学習マップは細かく作る必要はなく，体系図を作るようなイメージで作るとやりやすいと思います。

問題演習と併行する

27 アウトプットと学習マップ

学習マップに知識を追加していく

　基礎力養成期を終えたら，過去問などの問題を使ったアウトプット学習に移ります。問題を解いた後に，学習マップに知識を追加すれば，短期間で問題が解ける実力をつけることができます。くわしい手順は次の通りです。

1　まず問題を解く

　まず問題文を読み，解けるか試してみます。最初はわからない問題が多いかもしれませんが，気にする必要はありません。わからない場合は時間をかけ過ぎず答えを見ましょう。

2　間違っていたことや，足りない知識を学習マップに追加する

　答えあわせをした後で，解説を見て，間違っていたことや，足りない知識がないかを確認します。

　不正解だった場合は，間違って理解していたり，知識が不足していたりするなど，不正解の原因を特定します。正解した場合でも，解説を読むと，間違って理解していたことや，足りない知識が発見されることがあります。

　上記が特定されたら，学習マップのその知識があるはずの場所を探します。

　もしその内容が，学習マップに書いていなければ，追加します。枝を追加してキーワードで書いてもよいですし，余白にメモを書いても構い

ません。追加する言葉は色を変えたり，記号をつけたりすることで，後で一目でわかるようにしておきましょう。

　もしその内容が，学習マップに既に書いてあった場合は，学習マップの内容を忘れていたか，間違って理解していたということです。この場合は，学習マップの既存のキーワードに色や記号を付けるなどして目立たせるとよいでしょう。こうすることで，次に学習マップを復習するときに，この部分を集中して復習することができます。

3　学習マップを繰り返し復習する

　学習マップに知識を追加したら，通勤時間などのスキマ時間に復習を行います。新たに追加されたキーワードの部分を中心に覚えることで，過去問練習で追加した知識が定着していきます。

4　再び問題を解く

　次に，再び問題を解きます。時間がないときには，前回，間違った問題を優先して解きましょう。

　前回間違った問題は正解できたかを確認します。3で復習をしっかりしていれば，今回は正解したはずです。

　再び間違ってしまった場合は，2に戻って，足りない知識を学習マップに追加したり，間違ったところに記号を付けたりします。そして，再びステップ3，4を繰り返します。

28 学習マップの作成ツール

スピードが速い手書き

　手書きは，最もスピードが速く，余白などに図や記号，メモなどを自由に書きこむことができます。また，手を動かすことで，記憶しやすくなります。さらに，2次の筆記試験に向けた漢字練習にもなります。

　私も受験生時代には，全部で100枚ぐらいの学習マップを作成しましたが，このおかげで筆記試験でも漢字のキーワードが問題なく書けるようになっていました。

便利なソフトウェア

　マインドマップ®を作成するソフトウェアは多数あります。ソフトウェアで学習マップを作成するメリットは，コピーや移動，枝の追加などの基本的な編集がやりやすいことです。手書きだと，枝を大規模にコピー・移動・追加することはレイアウト上難しいですが，ソフトウェアであれば難なくできます。そのため，最初は小さく作って，後で枝をどんどん追加していこうと考える人には向いています。

　ソフトウェアのデメリットは，まず，操作に慣れていないと書くスピードが遅くなることが挙げられます。また，作成した学習マップを携帯したり，スキマ時間で見るのが，手書きよりも若干不便になる事があるかもしれません。

第5章 科目別攻略法と学習マップの作り方

29 「企業経営理論」の攻略法

出題傾向

　企業経営理論では，経営の根幹である，経営戦略論，組織論，マーケティング論の理解が問われます。単純な知識が問われる問題は少なく，抽象的な記述の正誤が問われる問題や，逆に，具体例（ショートケース）の正誤が問われる問題が多く出題されます。

2次試験との関連

　また，右上の表のように**1次試験だけでなく，2次試験にも深い関連があるのが特徴**です。経営戦略論で学習する環境分析や戦略策定の方法は2次試験の事例問題を解答するための基礎になります。また，組織論は，2次試験の「事例Ⅰ：組織を中心にした経営戦略に関する事例」に直接関係します。マーケティング論は「事例Ⅱ：マーケティング・流通を中心とした経営戦略に関する事例」に直接関係します。

学習の基本戦略

　企業経営理論は，丸暗記では試験に対応しにくい科目です。一方で，知識がなくても，論理的に考えたり，具体例で考えることで，ある程度，正解を導くことができる場合も多くあります。また，2次試験に関連する部分も多いことを考えると，**理解することが重要**と言えるでしょう。
　学習の基本戦略としては，試験でよく出題されている部分については，内容をしっかり理解するようにします。そのためには，**「目的・意義」**

1次試験と2次試験の関連

1次試験と2次試験の関連			2次試験科目			
			I 組織（人事を含む）	II マーケティング・流通	III 生産・技術	IV 財務・会計
1次試験科目	経済学・経済政策					
	財務・会計					◎
	企業経営理論	経営戦略論	○	○	○	○
		組織論	◎			
		マーケティング論		◎		
	運営管理	生産管理			◎	
		店舗・販売管理		◎		
	経営法務					
	経営情報システム		○	○	○	○
	中小企業経営・中小企業政策		△	△	△	△

◎ 特に関連が深い

○ 関連がある

△ やや関連がある

「具体例」「メリット／デメリット」「留意点」「実施手順」などを整理しながら覚えるようにするとよいでしょう。

また，早めに過去問で出題形式と出題傾向をつかんでおくことが重要です。どういった形式で出題されるのか，どのような知識が必要なのかを把握しておきましょう。

また，本科目の範囲は，それぞれ非常に深い内容なので，試験で重要な内容から勉強していき，あまり出題されていない分野や難問については捨てることも大事です。特に，本科目を最初に勉強する方は，時間をかけ過ぎて，他の科目の勉強がおろそかにならないように注意しましょう。

30 「企業経営理論」の分野別対策

　企業経営理論には，経営戦略論，組織論，マーケティング論の3つの分野があります。1次試験では，この3つの分野からほぼ3分の1ずつ出題されます。そのため，3つの分野のウェートは同じですが，出題傾向は若干異なっています。

経営戦略論

　経営戦略論は，最も理解が問われる分野です。抽象的な問題が多いため，丸暗記しても試験ではあまり役に立たないのが特徴です。こういった問題の対応策は，この後の「丸暗記では対応できない問題の対策」で解説します。

組織論

　組織論は，思考力が必要な問題と知識問題の両方のタイプの問題が出題されます。出題されやすい分野は，組織形態や，リーダーシップ理論，モチベーション理論，組織間関係論，組織活性化（組織学習）などです。こういった分野では，基本問題が出題された場合は確実に解答できるように，知識を習得しておくことが重要です。また，思考力が必要な問題は，経営戦略論と同じように対策します（この後で解説します）。

　また，労働関連法規については専門的かつ細かい内容のため，どれぐらい勉強するかは悩むところです。ここ数年では，毎年3問から5問程度出題されているため，まったく無視するのもリスクが大きいですが，一方で，すべて正解しようとすると，かなりの勉強量が必要になります。

人事関係の仕事をされている方など，労働関連法規の前提知識がある方は得点源にできると思いますが，それ以外の方は，全問正解を目指す必要はないと思います。目安としては，5問出題されたら2問（可能であれば3問）正解できれば良いと思います。これぐらいの目標であれば，基本的な知識（労働基準法の基本など）をマスターしておけばクリアすることが可能です。ここに時間をかけるよりは，他の重要な部分（たとえば，財務の計算問題の練習など）に時間をかけた方が効果的です。

マーケティング論

　マーケティング論は，最も知識問題が多い分野です。勉強しただけ得点しやすい分野と言えるでしょう。他の2つの分野が得点を稼ぎにくいだけに，このマーケティング論で得点を稼げるようになることが重要です。特に，4P（製品戦略，価格戦略，チャネル戦略，プロモーション戦略）については頻出ですので，しっかり勉強しておきましょう。また，マーケティング論は，2次試験でも使いますので2次対策にも重要です。

COLUMN

視野をひろげる

　テキストだけで勉強していると，どうしても飽きてくるものです。
　そんなときは，気分転換もかねて，新聞やインターネットで配信される経済ニュースを見るのがおすすめです。
　中小企業診断士の勉強を始めると，たとえば，企業の経営戦略や競争環境を理解したり，経済指標が読めたり，いままで読み流していたニュースの内容が，より深く理解できるようになります。また，現実の企業の例をイメージすることは，応用力につながります。

31 丸暗記では対応できない問題の対策

ショートケース

84頁でも述べましたが，経営戦略論で出題される問題は，丸暗記では対応できない問題がほとんどです。抽象的な記述の正誤を問う問題や，具体例を使った問題（ショートケース）が多く出題されます。

たとえば，以下のような問題です。問題文を読んだだけでは，どれが正解なのかわかりにくいのです。

このような問題を解くコツは，**具体例を当てはめて考える**ことです。

平成20年　第2問
経営資源と企業の戦略に関する記述として，最も不適切なものはどれか。
ア　ある経営資源を保有しない企業は，すでに保有している企業に比べて，その複製が困難であると，コスト上の不利益を被りやすい。

⋮

(以下，略)

上記の問題の選択肢アは，「経営資源」についての記述です。ここで，具体例で考えてみましょう。経営資源といえば，ヒト，モノ，カネ，情報的資源（ノウハウ，ブランドなど）があります。たとえば，「高度な技術ノウハウ」という具体例を考えてみましょう。

選択肢アに，これを当てはめてみると，次のようになります。

ア　**「高度な技術ノウハウ」**を保有しない企業は，すでに保有している企業に比べて，**「高度な技術ノウハウ」**の複製が困難であると，コスト上の不利益を被りやすい。

これで，だいぶわかりやすくなったと思います。「高度な技術ノウハウ」の模倣が困難だと，不利益を被りやすいという記述ですので，これは正しい内容です。

このように，具体例を当てはめて考えることで，抽象的な問題や知識がない問題に，対応しやすくなります。

知識がなくても正解できる問題もある

ちなみに，上記の問題では，別の解法も考えられます。たとえば，VRIO 分析のフレームワークの知識を使えば，アの記述は「模倣困難性」に関する記述だと判断できます。

しかし，重要なのは，この問題では，知識（VRIO 分析）を知らなくても，正解を導くことができる，ということです。逆に，知識の適用方法を間違ってしまうと，間違った答えを導き出してしまう恐れもあります。

このように，企業経営理論では単なる丸暗記では不十分で，内容を理解しておき具体例などを思い浮かべられることが重要です。**ぜひ，過去問を使って，具体例で考える方法をマスターしましょう。**それができれば，この科目の攻略は難しくありません。

32 「企業経営理論」と学習マップ

科目全体の学習マップの例

　企業経営理論の科目全体から見ると，大きく，経営戦略論，経営組織論，マーケティング論があります。そして，それぞれの下に大項目があります。たとえば，経営戦略論であれば，企業戦略，事業戦略などが含まれます。まずは，こういった大きな体系を，科目全体マップでまとめましょう。科目全体マップの例を下に掲載します。

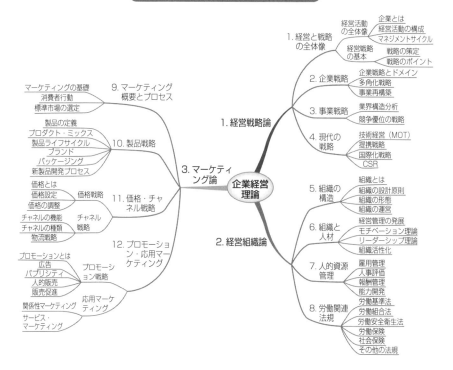

企業経営理論　科目全体マップ

図と相性のよい科目

　科目全体の体系がイメージできたら，大項目ごとの学習マップを作成します。

　たとえば，事業戦略であれば，中心に「事業戦略」を置き，内容を学習マップに整理していきます。この際，具体例が思い浮かぶように練習すると試験で対応しやすくなります。**具体例を思い出せるようなキーワードを書いておく**とよいでしょう。

　また，企業経営理論では，抽象的な概念を表す「図」がよく使われます。この事業戦略の例でも，「5つの競争要因」「3つの基本戦略」「価値連鎖（バリューチェーン）」などは，言葉よりも図で表した方が理解しやすい内容です。こういった内容については，学習マップの余白に簡単な図を書いておきます。

企業経営理論に登場する図の例

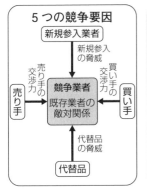

図で表した方が理解しやすい場合もある。

33 「財務・会計」の攻略法

出題傾向

　財務・会計では，経営資源として重要な「資金」に関する内容が問われます。経営コンサルティングでは，経営を数字で診断するスキルは必須のため，重要科目です。

　財務・会計には，アカウンティング（会計）とファイナンス（財務）があります。さらに，アカウンティングには外部に報告するための財務会計と，社内で意思決定に活用する管理会計があります。ファイナンスは，企業活動に必要な資金調達や投資等が主なテーマです。

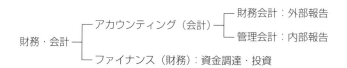

　財務・会計は1次試験だけではなく，**2次試験（事例Ⅳ）に関係する重要科目**です。計算問題が出題されるため，内容を理解しているだけでなく，実際に正しく計算ができることが必要です（「1次試験と2次試験の関連」83頁参照）。また，1次試験は電卓持込が不可，2次試験は電卓持込が可能になっていることも注意してください。

学習の基本戦略

　当科目は試験の合否を左右する重要科目と言えます。計算問題が苦手だと，1次試験で足を引っ張られたり，2次試験で得点が取れない結果，不合格になってしまうことが多いからです。

特に，2次試験では他の3科目は記述式であるのに対して，事例Ⅳの財務・会計だけは計算問題が多く出題されます。

通常，記述問題では満点を取るのが難しく，多くの問題では部分点しか取れません。そのため記述問題で，他の人に差をつけるような高得点を取るのはかなり難しいと言えます。

一方，事例Ⅳの計算問題は，正解すれば得点が取れるというタイプの問題です。ここでしっかり得点できれば，計算を苦手とする他の人に差をつけることができます。そのため，事例Ⅳの出来栄えは2次試験の合格を左右することが多いのです。

つまり，財務・会計を得意科目にすれば，中小企業診断士試験に合格できる可能性は高まるということになります。そのため，当科目には，他の科目よりも多めの時間を投入し，試験でよく出題されている計算問題を繰り返し解いて確実に得点できるようにしましょう。

特に，**経営分析，損益分岐点分析，キャッシュフロー計算書，投資評価等のテーマについては，1次試験と2次試験の両方でよく出題されているので要注意**です。

34 「財務・会計」の分野別対策

　財務・会計には，アカウンティング（会計）とファイナンス（財務）の2分野があります。

アカウンティング（会計）

　アカウンティングでは，財務諸表や簿記が基礎となるため，この部分を最初に勉強し，基礎的な知識をつけておくことが重要です。

　財務諸表では，特に貸借対照表（B/S）と損益計算書（P/L）を理解しておく必要があります。

　簿記は，仕訳などを詳しく勉強するとかなりの時間がかかります。そのため，よく出題されている基本的な内容を先に勉強し，後で，過去問などを解きながら実力をアップしていった方がよいでしょう。

- 棚卸資産の計算や，経過勘定等のテーマは比較的よく出題されているため計算できるようにしておきましょう。
- 税務会計・結合会計については，アカウンティングの中では比較的優先度が低いテーマです。ただし，年に1，2問出題されることがあるため，基本的な計算等はできるようにしてください。
- キャッシュフローは，1次・2次試験共によく出題されます。やや計算が複雑ですが，慣れれば得点源にすることができるテーマです。B/S，P/L から，キャッシュフロー計算書（C/S）を作成できるように練習を繰り返しましょう。また，キャッシュフローの概念は，ファイナンス理論の投資評価などでも使いますので，ぜひ得意分野にしておきましょう。
- 原価計算も専門性が高い分野ですが，手順に慣れれば正解できるよう

になります。特に総合原価計算はよく出題されています。

経営分析は，2次試験でかならずと言っていいほど出題される重
要テーマです。

- ・1次試験対策としては，基本的な経営指標をしっかり計算できるよう
  に練習しておくことが重要です。
- ・2次試験対策では，これに加えて，事例企業の問題点の診断ができる
  ようにしておく必要があります。経営指標が何を表しているのかを理
  解し，数字のよしあしを判断できるようにすることがポイントです。

ファイナンス（財務）

ファイナンス理論では，資金調達と投資が主なテーマになります。普
段の仕事であまり使わない方も多いと思いますが，1度理解してしまえ
ば，アカウンティングよりも覚える内容が少ないため得意分野にしやす
いテーマです。

- ・投資評価は，1次試験だけでなく，2次試験でも出題されやすい内容
  です。条件が与えられた時に，投資するかどうかの判断ができる必要
  があります。また，その判断をするための各種の投資評価方法をマス
  ターしておきましょう。特に，正味現在価値法が重要ですので，計算
  問題で繰り返し練習してください。
- ・資本市場と資金調達については，資本コストを理解することが重要で
  す。資本コストの概念の理解と，計算ができるようにしておきましょう。
- ・現代のファイナンスのテーマでは，企業価値，株価指標，デリバティ
  ブについて，基本的な問題が出題された際には計算できるようにして
  おきましょう。ただし，デリバティブについては，多様な手法があり
  ますので，為替予約やオプション取引など，基本的な分野にしぼって
  学習した方がよいでしょう。

35 計算問題を得意にする方法

計算問題が解けないと合格できない

　財務・会計は，理解するだけでなく正しく計算ができる必要があります。計算問題が得意な人と，そうでない人がいると思います。

　実は，私自身は計算問題が大嫌いで苦手でした。しかし，計算問題が解けないと，中小企業診断士試験に合格することはおそらくできません。そのため，計算問題が得意になる方法を考えて，それに従って練習したところ，計算問題で得点を取ることができるようになりました。その方法をご紹介したいと思います。

間違う理由を考える

　まず，なぜ計算問題を間違うのかを考えてみます。理由は色々考えられますが，大きく分けると以下の2つのケースが多いのではないかと思います。

> 1　解き方がわからない・間違えている：手続きが間違っている
> 2　計算ミス：手続きは合っているが，途中で計算を間違う

　1は，そもそも解き方がわからない，もしくは，解き方を間違ったため，解けないというものです。たとえば，解くための計算式が間違っていたというような場合です。

　2は，解き方は正しかったものの，途中で計算ミスをしてしまったというものです。計算式は合っていたものの，たとえば，計算の過程のどこかで間違えてしまったというような場合です。

解き方がわからない場合

　問題が出題された際にどのような解き方・計算をすればよいかをすぐに判断することを心がけて練習します。たとえば，経営分析であれば，経営指標の計算式がすぐに思い浮かぶように，キャッシュフロー計算書であれば，キャッシュフロー計算書の作成の流れがすぐに思い浮かぶように練習します。これは，問題を読んだ後に，式を書いてから解くのが効果的です。

計算ミスをしてしまう場合

　私自身，計算ミスが非常に多かったのですが，その原因は，丁寧に計算していないことでした。計算の途中過程を書いていなかったり，字がきたなかったり，急ぎ過ぎたり，見直しをしないことなどが重なってミスにつながっていたのでした。計算する際に，きれいな字で1つ1つの計算を丁寧に行うようにしたところ，ミスが減りました。

　計算問題の練習は，スポーツの練習に似ています。正しいフォームを頭で理解するだけでなく，いつでも実演できるようになることが必要です。そのためには，何度も繰り返して練習することが重要です。計算問題が苦手な方は，繰り返しが足りていないことが多いのです。この「何度も繰り返す」ことが計算問題習熟のカギになりますので，ぜひ繰り返すことを重視して練習しましょう。

36 「財務・会計」と学習マップ

科目全体マップ

　財務・会計には，アカウンティングとファイナンスの2分野があります。まずは，それぞれの分野にどのような内容が含まれているかがわかるように，科目全体マップでまとめましょう。

財務・会計　科目全体マップ

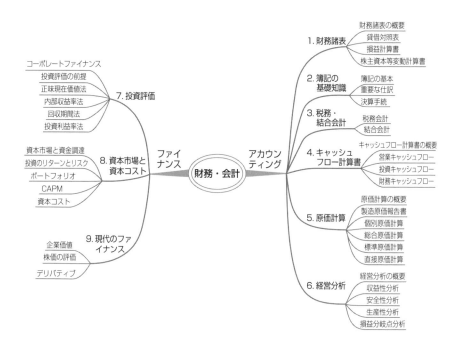

無理に枝葉の形にこだわらない

　財務・会計の学習マップのポイントは，枝葉状の表現方法にこだわらないことです。

　財務会計では，財務諸表などの表や，仕訳のボックス図や損益分岐点図などの図，計算式など，枝葉状の表現方法では表現しにくいものが多くあります。これを，無理に枝葉の形にするのではなく，表や図，計算式などはそのまま表，図，計算式として学習マップの上に記入（もしくはコピー等）すれば結構です。

　学習マップは，形にこだわる必要はなく，覚えるべきことがわかりやすく表現されていることが大事です。たとえば，損益計算書を覚える場合には，枝葉で表現するよりも，損益計算書の例を見るのが1番です。枝葉の方は補足的に使用すればよいでしょう。

おすすめの使い方

　また，財務・会計では，学習マップで概要を覚えたら，計算練習を繰り返すのが重要です。おすすめは，**計算問題を実際に解いた過程を学習マップに書いておく**ことです。解き方の部分を隠して，自力で解けるようになれば，後は過去問や練習問題を繰り返しましょう。この科目をマスターすれば，2次試験合格も見えてきます。

37 「運営管理」の攻略法

出題傾向

　運営管理では，生産と販売という，現場のオペレーション管理に関する知識が問われます。生産管理では主に製造業，店舗・販売管理では主に小売業や卸売業のオペレーションを扱います。

　実際の中小企業への経営コンサルティングでは，現場のオペレーションを知らなくては診断・助言ができません。そのため，本科目は，企業経営理論，財務・会計と並んで重要科目と位置付けられます。

　運営管理の試験時間は，90分となっており，企業経営理論，中小企業経営・政策と並んで，時間が長くとられています。ただし，配点は100点で，他の科目と一緒です。

　運営管理は2次試験にも深く関係します。2次試験の「事例Ⅲ：生産・技術に関する事例」は，生産管理の内容に関わります。「事例Ⅱ：マーケティング・流通に関する事例」は，店舗・販売管理の内容に関わります。よって，企業経営理論と財務・会計に加えて，この運営管理をマスターすることが，2次試験の合格につながります（「1次試験と2次試験の関連」83頁参照）。

学習の基本戦略

　運営管理は，現場のオペレーションを扱うため，前提知識がない方にはなじみにくいかもしれません。本科目は実際にはかなり奥が深い分野で，この分野だけで様々な専門的コンサルティングをされている中小企業診断士がいるぐらいです。そのため，実際には覚える事は無限にあり，

限られた勉強時間でマスターするのは大変です。

　しかし，中小企業診断士試験では，専門的な細かい部分まで知らなくても 60 点は取れます。試験対策として重要なのは，**優先度の高い部分に時間をかけ，そうでない部分はカット**することです。

　また，**具体的な現場のイメージを思い浮かべながら勉強しましょう**。そうすれば，覚えやすくなり，事例問題である 2 次試験にも対応しやすくなります。

- 生産管理であれば，工場のイメージを思い浮かべながら学習したり，初めての方であれば，生産や工場の図解入りの入門本などを最初にざっと読んでもよいでしょう。
- 店舗・販売管理は，身近な例がたくさんあります。スーパーや衣料品店などに行ったときに，習ったことをその店舗に置きかえて観察してみましょう。店舗の立地，店舗設計，品揃，陳列，マーチャンダイジング，物流，情報システムなどの具体例を観察することができます。

　全体的な体系や基礎が理解できたら，あとは，過去問を解いて実力をつけていきます。専門的な問題（たとえば，生産管理の生産技術など）もありますが，あまりそういった枝葉の部分には時間をかけない方がよいでしょう。それよりも，よく出題される基礎的な分野の問題を確実に解けるようにしてください。

38 「運営管理」の分野別対策

生産管理

　生産管理は，幅広いテーマから出題されます。すべてを細かく勉強しようとすると，非常に時間がかかるため，出題傾向を基に，優先度のメリハリをつけて勉強することが重要です。

> ・出題されやすい分野としては，まず，「生産形態と生産方式」があります。特に，受注/見込生産，個別/ロット/連続生産，ライン生産，セル生産など，基本的な生産形態・方式については，用語と特徴をしっかり理解してください（1次試験では，生産管理用語の定義を知っていれば正解できる問題も多いです）。
> ・また，資材・在庫管理や品質管理，IE からもよく出題されています。これらの分野は，ほぼ毎年出題されていますので，基本をマスターしてください。過去問も早めにチェックして，どのような問題が出題されているのかを確認しておきましょう。
> ・逆に，優先度を下げてもよい部分としては，生産技術などが挙げられます。加工機械や素材などの内容は，（すでに前提知識がある方は別ですが）勉強の時間対効果が低いことが多いので，後回しにするか省いてもよいと思います。

　ちなみに，2次試験では，専門的な知識が必要な問題はほとんど出題されません。2次試験の事例Ⅲでは，事例を基に，生産管理上（もしくは経営上）の問題点を分析し，基本的な対策案が提示できれば十分です。そのため，**2次試験対策という点からも，細かい専門知識ではなく，生産管理の基本をしっかり押さえていることと，現場をイメージ**

できることが**重要**となります。

店舗・販売管理

　店舗・販売管理は，出題される分野がだいぶ絞られています。

- 特に出題されやすいのは，商品仕入・販売（マーチャンダイジング）と流通情報システムです。この２つの分野は，毎年の試験でかなりの数の問題が出題されています。過去問を見て，よく出題される内容を確認しておくとよいと思います。
- 物流管理からも，物流センターやサプライチェーンマネジメント等のテーマがよく出題されています。
- 逆に，優先度を下げてもよい分野としては，店舗に関する法律が挙げられます。まちづくり３法や建築基準法から出題されることもありますが，確実に解けるようになるためには，かなり勉強量が必要になる分野です。この分野は（前提知識がある方以外は），基礎用語程度の勉強にとどめておき，他の分野に時間を回した方が勉強の効率はよいと思います。

　店舗・販売管理でも，早めに過去問演習に取り組む方が，無駄な勉強が必要なくなります。全体のイメージができたら，過去問演習を行いながら実力をアップしていきましょう。

39 「運営管理」と学習マップ

科目全体の学習マップの例

　まずは，それぞれの下にどのような大項目があるかを理解しておきましょう

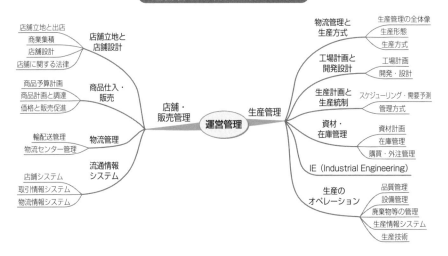

運営管理　科目全体マップ

店舗立地と出店
商業集積
店舗設計
店舗に関する法律
　── 店舗立地と
　　　店舗設計

商品予算計画
商品計画と調達
価格と販売促進
　── 商品仕入・
　　　販売

輸配送管理
物流センター管理
　── 物流管理

　　流通情報
　　システム

店舗システム
取引情報システム
物流情報システム

店舗・
販売管理　── 運営管理 ── 生産管理

物流管理と
生産方式
　── 生産管理の全体像
　　　生産形態
　　　生産方式

工場計画と
開発設計
　── 工場計画
　　　開発・設計

生産計画と
生産統制
　── スケジューリング・需要予測
　　　管理方式

資材・
在庫管理
　── 資材計画
　　　在庫管理
　　　購買・外注管理

IE（Industrial Engineering）

生産の
オペレーション
　── 品質管理
　　　設備管理
　　　廃棄物等の管理
　　　生産情報システム
　　　生産技術

生産管理は図がメイン

　生産管理では，図を見た方がわかりやすいので，図をメインに使い，それを補足するための枝葉を学習マップに書くとよいでしょう。

　店舗・販売管理では，よく出題される商品仕入・販売（マーチャンダイジング）と流通情報システムについて学習マップにまとめておきましょう。商品の陳列なども図を入れておくとわかりやすくなります。

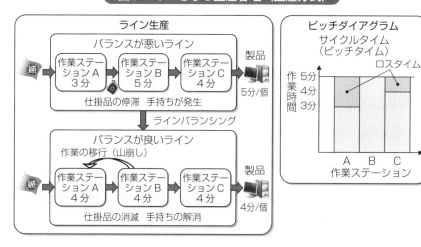

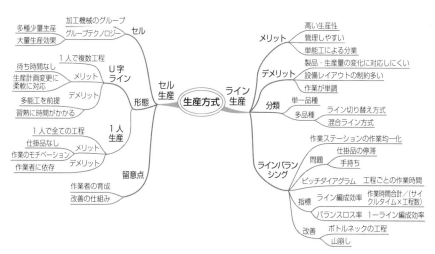

40 「経営情報システム」の攻略法

出題傾向

　経営情報システムは，名前通り，情報システムに関する科目です。専門的な内容が多いため，得意，不得意が分かれやすい科目です。

　現代の経営では，情報システムの活用は非常に重要になっています。そのため，中小企業診断士も，情報システムの基本的な知識を持ち，経営に活用できる必要があります。本科目では，情報システムの基本知識（情報通信技術に関する基礎的知識）と，経営に活用できるスキル（経営情報管理）が問われます。

　２次試験では，情報システムの技術が直接問われることは，ほとんどありません。２次試験で情報システムに関連する問題が出題される場合は，経営課題を解決するための情報システムの活用方法といった形で出題されます。たとえば，「業務を効率化するために管理すべきデータ項目」や「顧客関係を強化するためのインターネットの活用方法」，というような形で出題されます（「１次試験と２次試験の関連」83頁参照）。

学習の基本戦略

　本科目では，情報システムが得意な方と，不得意な方で取る戦略が変わってきます。

　まず，システムエンジニアの方など，情報システムが得意な方は，本科目が得点源になるようにします。特に「情報通信技術に関する基礎的知識」の分野の問題は，取りこぼさないようにすれば高得点を取ること

が可能です。

　自分の知識が手薄な分野の知識を補充し，たくさん過去問練習をすることで，問題に慣れ，本番試験で高得点が取れるようにしましょう。

　一方，情報システムが得意でない方は，本科目の目標は，「60 点取れれば十分で，少なくとも足切りの 40 点を回避する」と割り切って勉強する方が効率的です。本科目で高得点を取るにはかなりの勉強量が必要ですが，その時間を，2 次試験に深く関連する重要科目（特に財務・会計など）に配分した方がよいでしょう。そのためには，試験で**重要なポイントに絞って勉強**することが重要です。情報システムの技術は，日々進化しており，専門家でも追随していくことは大変です。最低限の基礎知識を覚えたら，過去問練習を行い，よく出題されている事柄，簡単に覚えられる事柄から覚えるのが効果的です。複雑で理解できないと感じたところは，「後回し」もしくは「捨てる」方がよいでしょう。

41 「経営情報システム」の分野別対策

　本科目には，情報通信技術に関する基礎的知識と経営情報管理の2つがあります。

情報通信技術に関する基礎的知識

　この分野では，ハードウェアやソフトウェアの基本知識を確認しておきましょう。

　また，ネットワーク，インターネット，データベースの分野からも毎年出題されますが，出題には偏りがあるので，基礎知識の勉強は早めに終わらせて，あとは過去問を見ながら勉強した方が効率的です。

　たとえば，データベースの分野では，データの操作や定義を行うためのデータベース言語（SQL）が出題されることがありますが，出題形式は毎回似たようなものが多いのです。そのため，最初はこういった部分に絞って覚えた方が効率が良いでしょう。

経営情報管理

　この分野では，情報システムの開発の流れや手法の基本を押さえておきましょう。

　また，プログラム言語など，専門性が高いテーマは，あまり時間をかけず，基本的な問題（各言語の基本的な特徴など）に対応できるようにした方がよいでしょう。

　情報システムに苦手意識を感じる理由として，省略語が多いということがあります。「CPU」「RAM」「SQL」「HTML」…といったように，情

報システムの分野は省略語のオンパレードです。

　省略語は，繰り返すことで慣れるのがポイントです。無理に省略しない言葉（たとえば，CPU の正式な呼称である Central Processing Unit）を覚える必要はありません。省略語でも何回も繰り返しているうちに，だんだんその言葉に慣れてきます。

　基本知識の習得と，過去問練習を繰り返すことで，「60 点取れれば十分で，少なくとも足切りの 40 点を回避する」という目標は達成できます。

COLUMN

身の回りにある情報システム

　情報システムというと，文系出身の方は抵抗感があるかもしれません。しかし，スマートフォンやインターネットなど，今や情報システムは，私たちの生活に深く入り込んでいます。また，仕事でも，販売・仕入・生産・会計など，情報システムがないと業務が成り立ちません。

　経営情報システムの試験勉強では，こういった普段の生活や仕事で使っているものをイメージしながら勉強すると，興味がわきますし，より具体的に理解することができます。

42 「経営情報システム」と学習マップ

科目全体の学習マップ

　経営情報システムでは，情報通信技術に関する基礎的知識と経営情報管理の2分野があり，その下に大項目があります。こういった全体構造を科目全体マップで整理しておきましょう。

経営情報システム　科目全体マップ

用語を表すキーワードを書いておく

　経営情報システムでは，様々な用語が出てくるので，まずは基本用語について学習マップに記載します。そして用語が何を表しているのかを端的に表すようなキーワードを書いておきます。

　たとえば，「インターネット」であれば，世界中の LAN を接続したものですので，このキーワードとして「世界中の LAN を接続」と書いておきます。「IP アドレス」であれば，コンピュータの識別に使うアドレスですので，キーワードとして「コンピュータの識別」と書いておきます。そして，この学習マップを繰り返し見て用語の定義を覚えましょう。

関連するキーワードも

　定義に加えて，その用語に関連する重要な特徴をキーワードとして書いておきます。

　「インターネット」ならば，「TCP/IP プロトコル」を使っていることや，利用例として「WWW」，「電子メール」などをキーワードとして書きます。こうすれば，学習マップを見ながら，特徴を一緒に覚えられます。

　また，経営情報システムでは，「目に見えない概念」が多いため，図があればできるだけ図を補足として載せておきます。情報システムの仕組みは，図で覚えましょう。

　こうしておけば，学習マップを繰り返し復習することで，基本用語と仕組みについて理解することができます。後は，実際に過去問を解きながら，不足している知識を，学習マップに付け足していきます。これを繰り返し見れば，過去問で出題された内容をマスターできます。

43 「経済学・経済政策」の攻略法

出題傾向

　経済学・経済政策は**中小企業診断士試験で最初の1次試験科目**です。その後の試験に心理的に影響する可能性がありますから，ある程度の自信をつけておきたいところです。

　本科目の特徴は，数式を使った理論的な内容が多いことです。そのため，理解していないと解けない問題が多く，苦手意識を持たれる方も多いようです。

　また，試験では，問題数が少ないことが特徴です。ここ最近の数年間の試験では，計25問（問題と設問を合計した数）が出題されています。1問あたりの配点が4点と大きいため，1問の影響が大きくなっています。

　最初の科目は緊張することが多いため，ケアレスミスをしがちです。たとえば，3問ケアレスミスをすると12点の減点になります。そうすると，元々60点ぐらいの実力だった人は，48点となり，足切りの40点のラインに近づいてしまいます。

　一方，**本科目は2次試験には，ほとんど関係しない科目ですので，1次試験で足切りにならないように点を確実に取ることが重要です。**

学習の基本戦略

　経済学を攻略するポイントは3つあります。

まず，**数式を図で理解する**ことです。

　経済学では，経済活動を数式で表します。しかし，数式を丸暗記するのは大変ですし，応用が利きません。そのため，数式をグラフなどの図で理解することがポイントです。理解ができるようになったら，今度は，何も見ないで図が書けるようにします。

　次に，**具体例で理解する**ことです。

　経済学は，現実の経済現象をモデル化し，数式として単純化したものです。よって，現実の身近な例に置きかえて考えることで，より理解しやすくなります。

　そして，3つ目は**よく出題されるところを重点的に学習**することです。

　経済学は，理論的な学問のため，基礎から順番に理論を積み上げていく必要があります。そのため，科目の最後にたどり着くまでに時間がかかりやすい科目です。よって，多くの受験生は，科目の最初の方を中心に勉強し，最後の方の勉強がおろそかになりがちです。

　しかし，試験で出題される内容は，ある程度決まっており，それは科目の後半にある場合が多いようです。よって，最後の方の，政策の効果など出題されやすいところをしっかり勉強することが重要です。

　また，最後の方を勉強する前には，科目全体の流れをつかんでおくことが重要です。**全体の流れを理解した上で，重要な箇所をしっかり学習**するとよいでしょう。また，**過去問を早めに見る**ことで，どこが重要なのかを確認することも重要です。

　これらのポイントに沿って学習すれば，十分合格点に到達できます。

44 「経済学・経済政策」の分野別対策

2つの分野

　経済学・経済政策には，ミクロ経済学とマクロ経済学という2つの分野があります。

　ミクロ経済学は，個別の消費者や企業の経済活動を扱います。たとえば，ミクロ経済学では，私達消費者がどのように商品の購入を決定するのか，企業がどのように生産の意思決定をするのかを扱います。

　マクロ経済学は，国全体の経済活動を扱います。たとえば，マクロ経済学では，景気動向や物価，景気対策などの国全体の経済を扱います。

ミクロ経済学

　ミクロ経済学で学ぶ，需要と供給などの基本的な概念が，マクロ経済学の勉強に役に立ちます。そのため，経済学では，まずはミクロ経済学の基本概念をしっかり理解することが重要です。

- 需要に関係する無差別曲線や，需要曲線，価格弾力性，所得効果と代替効果などをしっかり理解しましょう。同じく，供給に関係する，費用曲線，利潤最大化，供給曲線をマスターします。そして，需要と供給の均衡を理解しましょう。ここまでが前提です。
- 課税や自由貿易，独占，外部効果といった様々なパターンによって均衡がどのように変わるかを学習します。これが理解できれば，ミクロ経済学は合格点が取れるようになります。
- 個別テーマとしては，ナッシュ均衡や，逆選択とモラルハザードにつ

いて，よく出題されています。これらのテーマは数式はほとんど使わなくてよいため，点を取りやすい部分です。そのため，出題されたら得点できるように勉強をしておきましょう。

マクロ経済学

- まず GDP の概念を理解することが基礎になります。GDP の三面等価「生産＝分配（所得）＝支出（消費）」について，理解してから学習を進めてください。
- また，マクロ経済学では，3つの市場を扱います。財市場，貨幣市場，労働市場です。これらの3つの市場は，お互いに関連しています。最終的には，すべての市場を関連させて理解する必要がありますが，学習するときには，3つの市場を順番に学んでいく方が混乱せずに済みます。それぞれの市場を学習する時には，最初はその市場の事だけを考えて勉強します。それが理解できたら，その後で他の市場との関係を学習していきます。ポイントは，学習するときに，この3つの市場のうち，今どこを勉強しているのかを意識することです。
- よく出題されるテーマとしては，政策の効果が挙げられます。財政政策や金融政策を実施した時に，各市場でどういった効果が起こるのかを理解することが重要です。

　試験でよく出題されるテーマと出題形式はある程度決まっていますので，基礎を理解した後は，過去問を解きながら勉強をすることが有効です。

第5章
科目別攻略法と学習マップの作り方

45 「経済学・経済政策」と学習マップ

科目全体の学習マップ

　経済学・経済政策では，ミクロ経済学とマクロ経済学の2分野があり，その下に大項目があります。まずは，科目全体マップを作成し，全体の構造を理解しましょう。

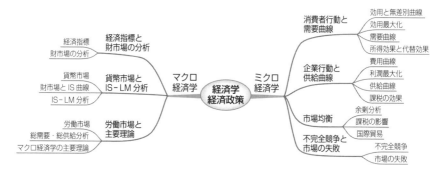

経済学・経済政策　科目全体マップ

数式を図で理解する

　経済学では，数式を図で理解することがポイントです。そのため，学習マップにも図を載せましょう。

　ミクロ経済学では，特に市場均衡（需要と供給の均衡）を理解することが重要です。市場均衡の図を使って，概念をしっかり覚えましょう。

　マクロ経済学では，最初にGDPの概念を理解することが重要です。GDPの三面等価の原則をまず理解し，その後，財市場，貨幣市場，労働市場での均衡を順番に覚えることがポイントです。

　概念を理解したら過去問を解き，合格点を取る実力をつけていきましょう。

数式と図で理解

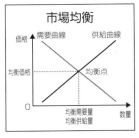

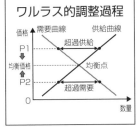

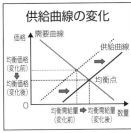

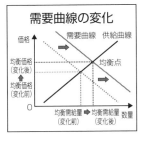

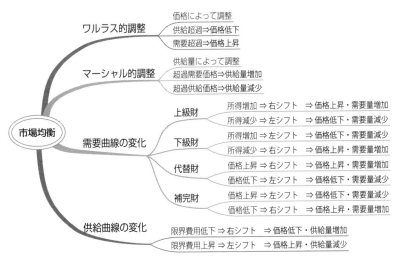

46 「経営法務」の攻略法

出題傾向

　経営法務は，その名前の通り，経営に重要な法律に関する科目です。

　本科目で問われるのは，**「企業を経営・助言する上で最低限知っている必要がある，基本的な法律知識」**です。

　法律には様々なものがあり，専門的で分量が多いものです。よって，会社の合併や裁判など専門的な事柄については，弁護士を始めとする法律のスペシャリストの活用が必要です。中小企業診断士は，こういった法律のスペシャリストと経営者の間の橋渡しができればよいのです。

メインは知財法と会社法

　では，具体的な本科目の特徴を見ていきましょう。本科目は，試験で出やすい分野が決まっています。それは，**知的財産権**と，**会社法**です。この2つの分野で7～8割を占め，残りが，民法（契約など）やその他の法律となっています。

　出題形式は，単純に知識が問われる形式と，短い事例（ショートケース）の形式の両方のタイプがあります。しかし，基本的な知識を知っていれば，ショートケースも対応できることが多いので，基礎知識を知っていることがポイントとなります。

　また，**本科目は2次試験には，ほとんど関係しないため，1次試験向けに学習すればよい科目です。**

学習の基本戦略

　まず，基本戦略として，**知的財産権と会社法を最優先**することが重要です。

　試験で出題される可能性のある法律には，この２つの法律以外にもたくさんありますが，それぞれが非常に深い内容です。こういった試験に出題される可能性が低い法律に力を注ぐよりも，試験で大半を占める知的財産権と会社法に時間をかけることがポイントです。特に，勉強にかけられる時間の少ない方は，最初にこの２分野を勉強して，後は時間のある範囲で残り分野の基礎的な部分だけ勉強するとよいでしょう。

　次に，**試験の出題のイメージをつかんでから本格的に勉強する**のが有効です。法律のボリュームは膨大ですが，試験で出題されやすい箇所・形式はある程度決まっています。そのため，早めに過去問に目を通し，どのような箇所がどのように出題されるのかをイメージしておくことが重要です。出題のイメージを持ってから，本格的に勉強すると効率的に試験で得点できる実力をつけられます。特に，近年の試験では対話形式など，慣れが必要な問題もありますので，過去問は早い段階で見ておきましょう。

　また，当科目は，**基本的に知識があれば正解できる科目**のため，試験直前に得点を伸ばすことができるため，**直前に復習を十分する**ことが重要です。これを行えば，本科目は得点源にすることができます。

47 「経営法務」の分野別対策

知的財産権

　知的財産権を効率よく学習するコツは，まず特許権の特徴を一通り学習することです。特許権の要件，取得手続き，効力，各種制度などを一通り覚えてしまうと，他の権利も特許権と比較して覚えやすくなります。

　また，各種の知的財産権を勉強したら，それぞれの特徴を表の形で整理して覚えるとよいでしょう。右に例を載せておきますが，知的財産権の種類ごとに，定義や要件，取得手続きなどを整理することで，比較しながらまとめて覚えやすくなります。

　あとは，過去問を解きながら，細かい知識を追加していきましょう。

会社法

　会社法の分野では，株式会社の機関や，株式会社の設立，株式など基本的な内容をしっかり覚えましょう。特に，株式会社の機関については，それぞれの機関の設置義務，決議事項，選任・解任，任期などを整理して覚えておきましょう。

　試験のショートケースの問題では，中小企業診断士であるあなたと，顧客である経営者等との会話が示され，その会話に関連した問題が出題されます。これは，必要な知識があり，出題形式に慣れていれば対応できます。過去問を解きながら，出題形式への慣れと知識の確認・追加をしていきましょう。

		産業財産権		意匠権	商標権
		特許権	実用新案権		
定義・要件	対象	発明 ※物の発明／方法の発明	考案 ※物品の形状,構造,組み合わせ	意匠(デザイン) ※物品の形状,模様・色彩,組み合わせ	商標(マーク) ・文字,図形,記号・立体,組み合わせ
	要件	産業上利用可		工業上利用可	産業の発展と需要者利益
		新規性			
		進歩性(高度なもの)	進歩性(特許ほどではない)	創作性	
		先願主義			
		公序良俗に違反しない			
				不登録事由に該当しないこと(機能確保のみの形状)	・自社商品・役務識別力を持つこと ・不登録事由に該当しないこと(他人の商品・役務に類似)
取得手続き	出願書類	願書		願書(物品の区分要)	願書(商品・役務の区分要)
		明細書			
		特許請求の範囲	実用新案請求の範囲		
		要約書			
		図面(任意)	図面(必須)	図面(必須)	必要な書面(図面など,任意)
	審査	・方式審査 ・実態審査(審査請求が必要)	方式審査のみ(無審査主義)	・方式審査 ・実体審査(審査請求は不要)	・方式審査 ・実体審査(審査請求は不要)
	審査請求制度	出願から3年以内(誰でも)			
	出願公開制度	出願から1年6月(請求により短縮可)			出願と同時に公開
	登録料	謄本発送日から30日以内に登録料納付	出願と同時に登録料納付	謄本発送日から30日以内に登録料納付	
	無効審判制度	利害関係人のみ,いつでも可	誰でも,いつでも可		利害関係人のみ,いつでも可
	登録意義申し立て制度				商標公報発行日から2月以内,だれでも可

その他の分野

　上記の2分野以外は優先度は下がりますが,できれば基礎を押さえたいところとして,民法の契約の基礎知識(契約の種類や,保証契約)があります。

　また,証券取引所や英文契約書などから出題されることがありますが,これらの分野は元々ある程度知識がある方以外は,時間をかける必要はないでしょう。それよりもよく出題されるところを優先してください。

48 「経営法務」と学習マップ

科目全体の学習マップ

経営法務では，知的財産権と会社法が重要です。

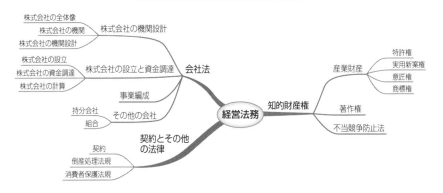

経営法務　科目全体マップ

株式会社の機関などをまとめておこう

知的財産権の分野では，4つの産業財産権については，119頁のような表形式でまとめるのがよいと思います。これを覚えれば，特許権，実用新案権，意匠権，商標権はマスターできます。その他，著作権については異なる特徴が多いため，別途枝葉の形の学習マップにまとめるとよいでしょう。

会社法の分野では，株式会社の機関等について，学習マップにまとめていきます。各機関の特徴（設置義務，権限，選任方法，任期など）を整理しておくとよいでしょう。初めは細かく書きすぎず，後で過去問を解きながらわからなかったことを追加していくのがポイントです。

株式会社の機関設計の学習マップ

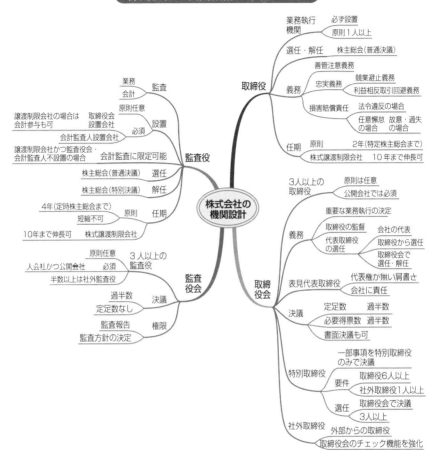

取締役
- 業務執行機関
  - 必ず設置
  - 原則1人以上
- 選任・解任 — 株主総会(普通決議)
- 義務
  - 善管注意義務
  - 忠実義務
    - 競業避止義務
    - 利益相反取引回避義務
  - 損害賠償責任
    - 法令違反の場合
    - 任意懈怠の場合
    - 故意・過失の場合
- 任期
  - 原則 — 2年(特定株主総会まで)
  - 株式譲渡制限会社 — 10年まで伸長可

監査役
- 監査
  - 業務
  - 会計
- 設置
  - 原則任意
  - 必須
    - 取締役会設置会社 — 譲渡制限会社の場合は会計参与も可
    - 会計監査人設置会社
  - 会計監査に限定可能 — 譲渡制限会社かつ監査役会・会計監査人不設置の場合
- 選任 — 株主総会(普通決議)
- 解任 — 株主総会(特別決議)
- 任期
  - 原則 — 4年(定時株主総会まで) — 短縮不可
  - 株式譲渡制限会社 — 10年まで伸長可

監査役会
- 3人以上の監査役
  - 原則任意
  - 必須 — 大会社かつ公開会社
  - 半数以上は社外監査役
- 決議
  - 過半数
  - 定足数なし
- 権限
  - 監査報告
  - 監査方針の決定

取締役会
- 3人以上の取締役
  - 原則は任意
  - 公開会社では必須
- 義務
  - 重要な業務執行の決定
  - 取締役の監督
  - 代表取締役の選任
    - 会社の代表
    - 取締役から選任
    - 取締役会で選任・解任
- 表見代表取締役
  - 代表権が無い肩書き
  - 会社に責任
- 決議
  - 定足数 — 過半数
  - 必要得票数 — 過半数
  - 書面決議も可
- 特別取締役
  - 一部事項を特別取締役のみで決議
  - 要件
    - 取締役6人以上
    - 社外取締役1人以上
  - 選任
    - 取締役会で決議
    - 3人以上
- 社外取締役
  - 外部からの取締役
  - 取締役会のチェック機能を強化

49 「中小企業経営・政策」の攻略法

出題傾向

　本科目には，中小企業経営と，中小企業政策という２つの分野があります。

　中小企業経営は，中小企業の経営の動向や，課題などがテーマとなります。ほとんどの問題は，前年度の中小企業白書の内容から出題されます。中小企業白書は毎年刊行され，**年度ごとにテーマが変わります**。そのため，試験でも，年度ごとにテーマが大きく変わります。これは，他の１次試験科目とは異なる特徴です。

　中小企業政策では，政府等が行っている中小企業向けの各種政策から出題されます※。

> ※　中小企業庁をはじめとする政府各種機関は，法律に基づいて資金面や人材面，経営面など各種の中小企業に対する支援策を実施しています。中小企業政策では，主にこういった中小企業への支援策の内容が出題されます。

　２次試験には直接関係しない科目ですが，本科目を学習することは，２次試験の事例企業を取り巻く経営環境や経営課題を理解するのに役に立ちます（「１次試験と２次試験の関連」83頁参照）。

　なお，中小企業白書や，中小企業施策利用ガイドブックなどの各種資料は，中小企業庁のホームページからダウンロードできますので，これらを辞書代わりにしながら勉強するとよいでしょう。

　■中小企業白書，中小企業施策ガイドブック等の冊子（中小企業庁）

　http://www.chusho.meti.go.jp/pamflet/

学習の基本戦略

　中小企業経営と中小企業政策は，知識があれば正解できる問題が多いため，短期間で得点を伸ばしやすい科目です。

　そのため，あらかじめ基礎的な知識を身につけておき，試験の２，３カ月前ぐらいから集中的に細かい点を覚えるようにする勉強が有効です。試験直前だと集中力が高まるため，普段は覚えられないようなことも記憶できます。

COLUMN
実力以上に得点するテクニック

　同じ知識でも，試験で高得点を取れる人と，そうでない人がいます。なにが違うのでしょうか？

　試験で「実力以上に」高得点を取れる人は，次のような特徴があります。

- わからない問題であっても，消去法や論理，常識などを使って，正解する確率を最大に高める。「わからない＝不正解」と考えない。
- 解けない問題を後回しにして解ける問題を確実に解く。
- 難しい問題が出題された場合や，時間がなくなりそうになった場合の対処法をあらかじめ考えているため，平常心を保てる。

　こういった試験テクニックは，意識して練習することで身についていきます。本番を想定した練習や準備を入念に行い，本番では最大限に得点しましょう。

50 「中小企業経営・政策」の分野別対策

中小企業経営

　中小企業経営の分野で中心となる中小企業白書は，非常にボリュームのある資料です。また，数多くの統計が含まれています。試験では，統計から出題されることもあります。しかし，すべての統計の数値を暗記することは不可能ですし，すべてを暗記しなくても十分に合格点は取れます。

　中小企業経営を効率的に学習するポイントは，最初に，中小企業白書の全体のストーリーを大まかに押さえることです。その上で，ストーリーに沿って重要な統計を学習すると覚えやすくなります。

- まずは，中小企業白書をざっと読み，大まかなストーリーを把握しましょう。
- 次に，ストーリーを構成する上で特徴的な事実や，ストーリーに沿わないような例外部分を重点的に暗記します。こうすることで，すべての統計の詳細を覚えなくても，大半の問題には対応できるようになります。
- 中小企業白書の各統計のグラフや表には，その統計の特徴を表すサブタイトルが付けられていますが，これを覚えるのがポイントです。サブタイトルは，白書の編纂者の意図が込められていますので，サブタイトルを覚えると，白書の編纂意図や重要とされている統計上のポイントがわかります。
- 個々の統計を学習するコツは，数字の大小や順位，上位／下位のもの，他と違う部分などに注目することです。このような点だけ覚えておけ

ば，すべての数字を覚えなくても正解することができるようになります。

なお，過去問練習をするときには注意が必要です。それは，毎年の白書の内容が大きく変わることです。そのため，過去問は，内容を覚えることを目的とするのではなく，出題の形式やよく出題される統計を把握することに使いましょう。

中小企業政策

中小企業政策では，各種の中小企業施策から出題されます。中小企業施策は，前述の「中小企業施策ガイドブック」等に記載されていますが，かなりの数があります。過去の試験でよく出題されている施策を中心に学習するのがポイントです。

各政策については，支援の内容，支援を受けるための要件や制約，実施主体などを整理して覚えることが重要です。

また，中小企業政策は，毎年かなり変わります。施策の新設や，廃止，内容の変更などが頻繁に行われているからです。そのため，過去問練習をする際には，かならず「現時点の」政策を確認しておくことが重要です。

中小企業経営・政策の試験の難易度はそれほど高くありません。重要事項を中心に集中的に学習すれば，短期間で十分合格点に到達することができます。

51 「中小企業経営・政策」と学習マップ

中小企業経営の学習マップ

　中小企業経営の分野では，主に，試験前年度の中小企業白書から出題されます。まずは，学習マップに，中小企業白書の大まかな構造を表す太い枝を記入しましょう。

　次に，白書の各項目について，結論となる部分を学習マップに記入します。これは，白書の中の図表のサブタイトルを参考にするとよいでしょう。サブタイトルは，白書の編纂者の意図が込められているため，これを覚えれば白書のストーリーは理解できます。この学習マップで白書のストーリーを覚えたら，後は，細かい統計数値を覚えていきます。ポイントは，ストーリー上重要な統計の事実を覚えることです。過去問を見て，どういう形で統計が出題されるのかを把握し，ポイントとなる数字・順位などを押さえておきましょう。

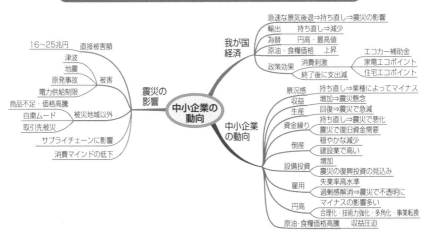

例：中小企業経営（中小企業の動向）の学習マップ

中小企業政策の学習マップ

　中小企業政策の分野では，非常に数多くの政策がありますが，すべてを覚えなくても合格できます。

　まずは，学習マップに，政策の分野（金融支援，人材支援，IT 支援など）を書きましょう。

　その上で，各政策分野で，重要な政策を枝として書いていきます。ここまでで，どのような政策分野にどのような政策があるかが見えるようになります。

　次に，各政策について，覚えるべき重要なポイントを記入します。その制度の内容だけでなく，制度を受けるための要件や対象企業についても出題されやすいため，項目別にまとめておきましょう。

　試験前は，この学習マップを繰り返し復習して，重要ポイントを暗記しましょう。

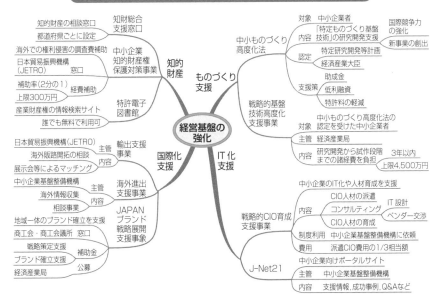

例：中小企業政策（経営基盤の強化）の学習マップ

すぐに使える！中小企業診断士試験の学習内容

　私は，中小企業診断士試験の学習をはじめた当時，情報システムの導入プロジェクトの仕事を担当していました。そこで，驚いたのは，

「試験勉強で学んだことが，すぐに使える！」

ということです。

　経営者に近い視点で作成した資料は，ユーザーであるマネジメント層からも好評で，情報システムの提案が今までよりもスムーズに受け入れられました。

　また，あるマネジメント層の方には，「この資料にある経営戦略のチャートはどうやって作ったのか？　私も来週の経営会議でこのチャートを使いたいので資料を送ってくれないか」と個人的に言われたりしました。

　さすがに「最近テキストで学びました」とは言えませんでしたが…。こういうことがあって，試験勉強に対するモチベーションがかなり高まったのを覚えています。

　試験勉強で学んだことを活用するのに，合格まで待つ必要はありません。覚えたらすぐに仕事で活用していきましょう。実務で使うことで真剣に覚えますし，なにより勉強の意欲が高まります。

第6章

2次試験を突破するロジックマップ勉強法

52 ２次試験はどんな試験なのか

１次試験より難しい

　２次試験は，中小企業の事例を題材にした記述式の試験です。選択式の１次試験とは，必要なスキルがかなり異なります。前述のように，２次試験には，次の４科目があります。

> 事例Ⅰ：組織（人事を含む）の事例（80 分：100 点）
> 事例Ⅱ：マーケティング・流通の事例（80 分：100 点）
> 事例Ⅲ：生産・技術の事例（80 分：100 点）
> 事例Ⅳ：財務・会計の事例（80 分：100 点）

　ストレート合格を目指すためには，２次試験の学習は１次試験の受験前に始めることが理想です。１次試験から２次試験までの期間は２カ月強なので非常に短いです。２次試験の方が１次試験よりも難しいことを考えると，１次試験の学習と平行して，２次試験の学習を進めておく必要があります。

　２次試験の問題の構造は以下のようになっています。

> ● **与件文**
> 事例企業の状況が文章で説明される部分です。分量は A4 の用紙で大体２～３枚程度となります。
> ● **問題文**
> 解答すべき問題が与えられる部分です。問題に対する解答の字数制限も問題文の中で指示があります。
> ● **解答欄**
> 解答を記述する解答用紙の欄です。原稿用紙のようなマス目になっています。

どうして「2次試験は難しい」という人が多いのか？

受験生に話を聞くと「2次試験は難しい」,「どうやって勉強したらよいかわからない」という声を多く聞きます。

2次試験が難しいと感じる理由は，主に2点あります。

まず**時間が足りない**という点でしょう。

おそらく，時間が十分にあれば2次試験対策はそれほど難しくないと思います。2次試験が難しいのは，時間が足りないためです。じっくり与件文を読んだり，解答をゆっくり検討する時間がないのです。

80分の時間制限では，問題文を読んだ後，すぐに解答の方向性が浮かび，短時間で解答を記述しないと，最後まで終わりません。

よって，合格するためには，あらかじめ解答作成の手順をパターン化しておき，短時間で解答を作成する必要があります。

次に，**唯一の正解がない**ということでしょうか。

2次試験の問題は事例企業への診断・助言に関するものですので，唯一の正解がないというのが特徴です。また，採点の基準がどうなっているかは誰にもわかりません。

2次試験の合格答案を比べると，違う答えにもかかわらずどちらも合格したというケースがあります。

たとえば，問題で，新たな設備投資をするべきかを問われた場合に，「投資する」,「投資しない」という両方の答えが得点できる可能性があります。それは，「投資する」,「投資しない」という結果だけでなく，その結果を導いたロジックが重要なためです。

このように，2次試験ではいかにしっかりした「ロジック」で，解答を書くかがポイントとなります。

53 2次試験合格のポイント

解答作成手順のパターン化の必要性

　2次試験は「時間が足りない」試験です。よって，試験時間中に，毎回違うやり方で解答を作成していては時間が足りなくなります。合格点を取るには，**あらかじめ解答作成の手順をパターン化しておき，短時間で解答を作成する必要**があります。

　「時間が足りない」という条件は皆同じです。その中で，人よりも高得点を取るには毎回違うアプローチで解答するのではなく，パターン化された手順で解答できるようにするのです。

　解答作成の手順をパターン化するためには，解答作成のプロセスを理解する必要があります。**解答作成プロセスは生産のプロセスに似ており，右上のような図で考えるとわかりやすくなります。**

　この図をしっかりイメージしておくことは非常に役立ちます。というのは，的外れの解答をしてしまう場合は，この図の手順に沿っていないことが多いからです。

1次対策時からロジックマップを準備しよう

　過去問を中心にロジックマップを作成し繰り返し復習することで，解答を導く模範的なロジックマップが作れます。まずは，1次対策時から過去数年分のロジックマップを作っておくことをおすすめします。1次試験が終了したら，残りの過去問や答練などについても作成します。

　以下の図のように，Excel などで作成しても良いですし，紙で作成することもできます。なお，Excel で作成したロジックマップのテンプレ

ートは，「スタディング 中小企業診断士講座」のホームページからダウンロードすることができます。

https://studying.jp/shindanshi/learning/

解答作成プロセス

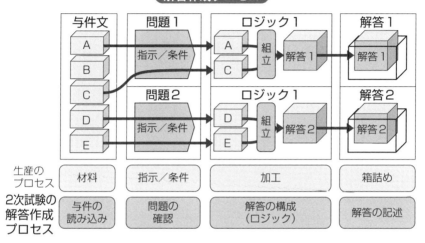

Excel のロジックマップのイメージ

与件文

問題文／
ロジック

解答

54 ロジックを可視化する

　2次試験に不合格になる理由は「解答作成のプロセス」のどこかが間違っているからです。意識することで，どのプロセスが間違ったのかを分析できるようになります。

　そこで，これから，よくある間違いのパターンを見ていきましょう。

間違いパターン 1〜与件文を使っていない

> 与件文を使っていない／与件文に書いていないことを書いてしまう

　与件文に書いてあることを材料として使わずに，自分の知識や意見などを材料として使ってしまうというのは非常に多い間違いです。下の図を見てください。

与件文を使っていない／与件文に書いていないことを書いてしまう場合

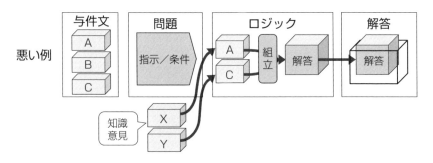

　この図では，与件の代わりに，自分が持っているX，Yという知識・意見を使っています。特に，その分野に詳しかったりすると，意外にこのように自分自身の知識・意見を使ってしまいがちです。

しかし，2次試験というのは，知識の多さや独創的なアイデアを競うものではないのです。与件文という材料からしっかりしたロジック（＝因果関係）で論理的に導かれた解答が高い得点になります。

　基本的に，すべての解答は与件文を材料にしていると考えてください。与件文を全く使わない知識問題が出る可能性は非常に低いです。また，与件文を使わなくてよい問題だと思った場合でも，本当に与件文を使わなくてよいか，与件文を使う方法は無いかを十分に確認してください。

　「材料は必ず与件文にある」と意識しておくことが重要です。

間違いパターン 2〜問題文に従っていない

　続いて，もう1つ間違いのパターンを見ていきましょう。

> 問題文の指示／条件に従わない

　問題文の指示や，指定された制約条件に従わず解答してしまうことも非常に多い間違いです。

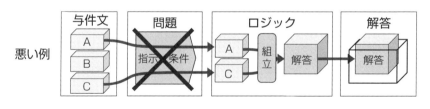

　当然ながら，問題文の指示や条件に従わないと，間違った解答を組み立ててしまうことになります。

　しかし，簡単そうに見える「問題文の指示／条件」に従うということは，実は非常に難しいのです。かなり強く意識していないと，誰もがここでつまずく可能性があります。

間違いパターン 3〜ロジックがいいかげん

さらに別の間違いのパターンを見ていきましょう。

ロジックがいいかげん

ロジックは，解答を組み立てるための重要な加工の工程になります。ここがしっかりしていれば，成果物である解答の品質が高まります。

ところが，このロジックがいいかげんなことが多いのです。なぜなら，解答作成プロセスを構成する4つの部分（与件文，問題文，ロジック，解答）のうち，与件文，問題文，解答については紙の上に書かれているため目に見えますが，ロジックの部分だけは目に見えないためです。ロジックを頭の中だけで考えると，因果関係が間違っていたり，論理に飛躍が生じてしまうことがあります。

ロジックがいいかげんな例

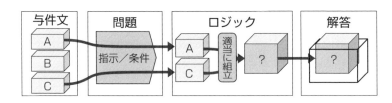

2次試験は，ロジックの出来を採点される試験と言っても過言ではありません。そのため，問題文の指示に従い，与件文の材料を使って，ロジックをしっかり構成する必要があります。そして，解答には，そのロジックを明確に記述する必要があります。

ロジックを作成するには，知識を増やすのではなく，ロジック作成の手順をマスターすることが重要です。この練習を，短期間で集中的に行えるのが，ロジックマップです。

ロジックマップとは

　ロジックマップは，2次試験の解答作成プロセスを目に見えるようにしたものです。特に，目に見えにくいロジックの部分が可視化されるため，ロジックの作り方を効率的にマスターすることができます。

　ロジックマップは，下のように，**問題文，ロジック，解答欄から構成**されます。133頁でご紹介した解答作成のプロセスと同じ構造になっているのがわかるでしょう。

ロジックマップの例（平成23年度例Ⅱ）

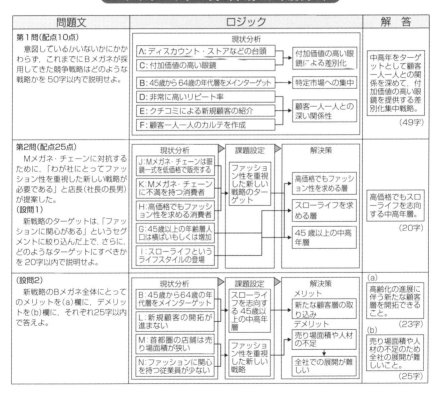

55 ロジックマップ勉強法とは

ロジックマップのしくみ

ロジックマップでは，問題文（左）の指示に従い，与件文からどのように解答（右）が組み立てられたかを，ロジックの部分（中央）で表現できます。

過去問題集等から，ロジックマップを作成しておけば，模範解答が作られるまでのロジックを一目で確認できます。これを何度も見てロジックの作り方をマスターし，自分でも同じようなロジックが作れるように練習しましょう。試験中に，ロジックマップで書いたようなロジックを作成できれば，2次試験に合格できます。

ロジックマップ勉強法の流れ

1　過去問を基にロジックマップを作成する

過去問題集には与件文と問題文，模範解答，解説が載っています。これを基に問題文，ロジック，解答をロジックマップに記入します。ロジックの部分は，解説を読みながら作成します。

2　ロジックマップを繰り返し復習する

作成したロジックマップを繰り返し復習します。模範解答と同じロジックが自分で作れるようになるまで繰り返し練習します。練習では，解答作成のプロセスを分解して行います。

❶　与件の読みこみ

❷　問題の確認

❸　ロジックの作成

❹　解答の記述

　特に重要なのは❷と❸の部分です。これらの手順が完全に身につくま
で繰り返し復習します。

3　模試等で解答作成の練習をする

　ロジックマップを使って，模範解答と同じ解答が作れるようになった
ら，今度は，実際の試験と同じ制限時間で本番を想定した練習を行いま
す。

　このとき，ロジックマップで書いたのと同じように，問題用紙の余白
等にロジックを書いてから解答を記述するようにします。

　そして，模範解答のロジックと，自分が試験時間中に作成したものを
比較します。大きな違いがあれば，解答プロセスのどの部分が違ってい
たのかを明確にします。

4　ルール集を作成し覚える

　試験では，同じようなロジックが出題されることがあります。そのた
め，よくあるロジックはルール集としてまとめておくと解答時間を短縮
できます（くわしくは 148 頁参照）。

　このようなステップにより，解答作成の手順が完全に身についた状態
で本番試験を迎えることができます。

56 ロジックマップの作成方法

Excel が便利

　ここからは，ロジックマップを作成する方法を見ていきましょう。

　パソコン上で作成する場合は，Excel 等の表計算ソフトを使って作成すると便利です。完成したら印刷することで，いつでも復習をすることができます。なお，Excel で作成したテンプレートは，以下のページからダウンロードすることができます（http://manabiz.jp/learning.html）。

　紙で作成する場合は，A3 など大きめの用紙を用意し，過去問題集から該当する問題文，模範解答をコピーし，貼りつけます。ロジックの部分は，手書きで記入した方が書きやすいでしょう。また，上記のロジックマップ・テンプレートをダウンロードすると，枠のみ記入されているシート（白紙）がありますので，印刷して利用することができます。

　過去問や模擬試験などの事例問題から，ロジックマップを作成する手順は次のようになります（ここでは紙の上で作成する想定で説明していますが，パソコンで行う場合も同様です）。。

ロジックマップ作成の手順

> ### 1　与件文を印刷し，問題文をロジックマップに転記する
>
> 　まず，与件文にはアンダーラインや記号を記入するため，与件文を印刷するなどして紙として準備しておきます。また，ロジックマップの用紙を準備し，左側の列に問題文を転記します。

2　ロジックを作成して記入する

　次に，問題ごとにロジックを作成して記入します。ロジックは，基本的に左から右に流れるように書きます（左が原因で右が結果になります）。

　学習マップは，キーワードの間の「関係」を表しましたが，ロジックマップは，「因果関係」がわかるように書く必要があります。理由・根拠をたどっていくと，与件文の中の事実にたどり着くようにしなければなりません。ロジックを構成するには，以下の手順で行います。

①　問題の指示・制約条件を確認する

　問題文を読み，指示／制約条件を確認します。特に，制約条件を読み飛ばさないように注意します。

②　材料の候補を与件文からピックアップする

　問題文の指示／制約条件を基に，与件文から材料になりそうな箇所を洗い出します。そして，与件文の箇所を端的に表すキーワードをロジック欄に記入します。

③　ロジックを構成する

　問題文の指示・制約条件に従って，論理的に言える結論を構成していきます。因果関係を飛ばして結論に飛びついたり，不明確な因果関係にならないように注意します。右側に解答候補の要素を記入します。

3　解答を記入する

　最後に解答欄に解答を記述します。

　過去問や模擬試験などの場合は，模範解答を記入します。このとき，ロジックの右側の部分と，模範解答のつながりを確認します。

57　実際にロジックマップを作る

ロジックマップ作成の実例

　手順を実例で見ていきましょう。

　以下の問題を基に解説します（平成 23 年事例 II 第 1 問）。

第 1 問（配点 10 点）

　意図しているかいないかにかかわらず，これまでに B メガネが採用してきた競争戦略はどのような戦略かを 50 字以内で説明せよ。

（How to think…）

　本事例は，眼鏡専門店である B メガネがテーマになっています。

　問題文では，「B メガネが採用してきた競争戦略」が問われています。また，「意図しているかいないかにかかわらず」という部分が制約条件になります。B メガネが意図的に採った戦略だけに限らず，意図していないけれども結果的に他社との競争優位性を築いている戦略も含める必要があることに注意する必要があります。

　この問題文の指示／制約条件を基に，与件文から材料になりそうな箇所を洗い出します。競争戦略というのは，他社との競争優位性を築くことですので，自社だけでなく他社の動向を表す箇所や差別化に関連する箇所もピックアップする必要があります。

与件文（抜粋）

　眼鏡フレームと眼鏡レンズを合計した眼鏡小売市場は，ここ数年 5,000
億円前後の規模でほぼ横ばいの状態である。上場している上位 5 社の販
  A
売高を合計した市場シェアも 30％弱で推移している。そのような眼鏡小
売市場において，眼鏡一式を低価格で販売するディスカウント・ストア
が売上を伸ばしている。3 つの価格帯に絞り込むいわゆるスリープライ
ス・ショップやすべてを単一価格で販売するワンプライス・ショップと
いう新業態で成長している。一方，眼鏡をファッション・アイテムと定
義し，ファッション志向の顧客にターゲットを絞りセレクト・ショップ
といわれるような業態で成功を収めている新規参入者も存在する。

(略)

　B眼鏡は，45 歳から 64 歳の年代層をメイン・ターゲットとして，既
  B
製ではなくオーダーメイドの累進・多焦点レンズを用いた眼鏡を主力商
品として加工・販売を行ってきた。つまり，付加価値の高い眼鏡をマー
             C
ケティングすることにより高い収益性を確保してきたといえる。定期的
           D
に行う顧客満足調査でも高い満足度を維持し，再来客が 70％以上という
非常に高いリピート率を誇っていた。Bメガネを愛顧してくれる顧客がお
り，伝道者としてBメガネについての肯定的なクチコミを行い，新規顧
  E
客を紹介してくれていた。社長は，生涯価値という考え方を早くから導
入していて顧客管理を行ってきた。具体的には，コンピュータが導入さ
れる以前から，顧客一人一人についてオリジナルで考案したカルテを作
       F
成してきた。(以下，略)

キーワードのピックアップ

　与件文ではそれぞれ長い記述になっていますが，ロジックマップでは

短いキーワードでピックアップします。

A:ディスカウント・ストアなどの台頭
C:付加価値の高い眼鏡

B:45歳から64歳の年代層をメインターゲット
D:非常に高いリピート率
E:クチコミによる新規顧客の紹介
F:顧客一人一人のカルテを作成

問題文に沿ってロジックを構成

　材料をピックアップしたら，問題文に沿ってロジックを構成していきます。材料AとCからは，次のロジックが作成できました。

A:ディスカウント・ストアなどの台頭	→ 付加価値の高い眼
C:付加価値の高い眼鏡	鏡による差別化

　このロジックは，Bメガネが，付加価値の高い眼鏡によって，低価格のディスカウント・ストアなどに対する競争優位性を築く「差別化戦略」を採ってきたことを表しています。

　また，AとCの結論である「差別化」を，絞り込んだターゲットに対して行うと「差別化集中戦略」になります。Bの結論「特定市場への集中」という部分から，絞り込んだターゲットであることがわかるため，問題に対する解答の骨子は「差別化集中戦略」となります。

B:45歳から64歳の年代層をメインターゲット	→ 特定市場への集中

　これだけでは，まだ字数に余裕があるため，DとEとFから導かれる結論の「顧客一人一人との深い関係性」を組み合わせて，よりリスクの低い解答を組み立てています。

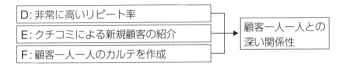

D: 非常に高いリピート率	
E: クチコミによる新規顧客の紹介	顧客一人一人との深い関係性
F: 顧客一人一人のカルテを作成	

ロジックマップを作成すると次のようになります。

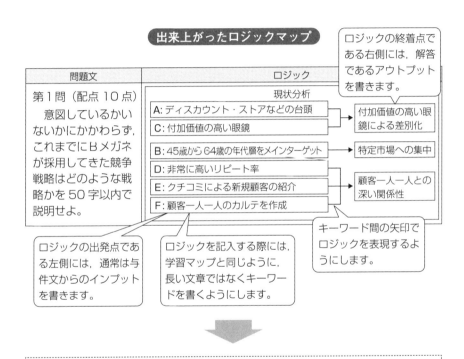

問題文	ロジック
第1問（配点10点）意図しているかいないかにかかわらず，これまでにBメガネが採用してきた競争戦略はどのような戦略かを50字以内で説明せよ。	現状分析 A: ディスカウント・ストアなどの台頭 C: 付加価値の高い眼鏡 → 付加価値の高い眼鏡による差別化 B: 45歳から64歳の年代層をメインターゲット → 特定市場への集中 D: 非常に高いリピート率 E: クチコミによる新規顧客の紹介 → 顧客一人一人との深い関係性 F: 顧客一人一人のカルテを作成

出来上がったロジックマップ

ロジックの終着点である右側には，解答であるアウトプットを書きます。

ロジックの出発点である左側には，通常は与件文からのインプットを書きます。

ロジックを記入する際には，学習マップと同じように，長い文章ではなくキーワードを書くようにします。

キーワード間の矢印でロジックを表現するようにします。

(模範解答) 中高年をターゲットとして顧客一人一人との関係を深めて，付加価値の高い眼鏡を提供する差別化集中戦略（49字）。

このように，ロジックマップでロジックを書いておけば，解答がどのように作られたのかが一目でわかるようになります。プロセスが見えるようになれば，それを真似することで短期間で実力がアップするのです。

58 ロジックマップの復習

紙で隠しながら思い出す

　ロジックマップが作成できたら，解答プロセスがしっかり身につくまで復習を繰り返します。

　まず，ロジックマップのロジックと解答の部分を紙で隠すなどして見えないようにします。

　次に問題文を読み，ロジック作成の手順を思い出しながら紙にロジックの図を書いていきます。

　最後に，隠していた紙を取り，同じ図が書けたかどうかを比較します。

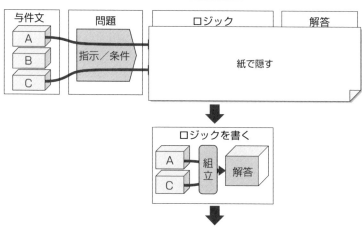

ロジック作成の練習

書いたロジックとロジックマップを比較する

解答作成の練習をする

　ロジックが作成できるようになったら，実際に，制限字数内で解答を作成する部分を集中的に練習します。

　まず，解答の部分を紙で隠すなどして見えないようにします。

　次に問題文を読み，ロジックの部分を見ながら字数制限内で解答を作成します。解答作成の練習ポイントは下記のとおりです。

---

① 制限字数を意識する

② 時間制限を意識する

③ ロジックを明確に表現することを心がける

④ なるべく与件文の用語を使う

⑤ 安全な解答を作成する

---

　⑤の「安全な解答」とは，問題文の意図が複数考えられる場合に，どの解釈であっても部分点がとれるようなものを指します。

解答作成の練習

与件文　問題　ロジック　解答

A　　　　　　　A
B　指示／条件　　組　解答　紙で隠す
C　　　　　　　C　立

解答を書く

書いた解答と模範解答を比較する

59 ルール集と解答作成手順書

解答の切り口を整理する

139頁でも述べましたが2次試験が近くなったら，**ルール集**を作成することもおすすめです。

ルール集とは，問題文の中で特定のキーワードが出題されたときにどういう解答をするかや，どういう点を切り口として解答を作るかをあらかじめ整理しておくものです。

たとえば，事例Ⅰ（組織・人事に関する事例）では，以下のようなルール集を作成します。

モラール低下の原因は何か，経営管理制度の留意点は何か，といきなり試験で問われた時に冷静に考えて解答するのは結構大変です。

しかしルール集を作成し覚えておけば，本番試験の問題でキーワードが出てきたときに，すぐに解答の切り口が見つかり，落ち着いて時間内に解答することができます。

事例Ⅰのルール集の例

キーワード	ポイント
モラール 　　低下の原因	＝モチベーション，意欲 　・制度面 － 施策が希望と合っていない 　・運用面 － 導入方法に問題あり
経営管理制度	マネジメントサイクル ＝> 計画・実行・統制 　・人材 … 管理能力

本番で慌てないための解答作成手順書

本番で慌てないためには，解答を作成する手順を決めておき，何も考

えなくても実行できるようになるまで，練習しておく必要があります。
そのためには，解答作成手順書を作成するのが有効です。人によって異
なると思いますので，自分なりの手順を練習のなかで見つけましょう。

　**手順がしっかり身についていれば，本番ではそれを実行するだけ
です。目の前の1問に集中し，練習通りに手順を実行しましょう。
それができた人が合格できるのです。**

解答作成手順書の例

手順	作業内容
1	与件文をざっと確認し（詳しく読まない），段落ごとにタイトルを書く。
2	問題文をすべてざっと確認し，配点を見る。
3	問題文を解く順番を決め，番号を振る。
4	最初の問題を読み，問題文の指示，制約条件，字数制限を確認する。
5	ルール集から該当するルールがあるか確認する。
6	与件文を読みながら材料になりそうなところにチェックを入れる。
7	もう一度チェックを入れた部分を精読し，材料候補のキーワードを余白に。
8	ロジックを作成し余白部分に記述する。
9	解答に何をどこまで記述するか決める。
10	解答用紙に解答を記述する。
11	次の問題に移る（手順4に戻る）。

　この解答手順はあくまでも例です。人によって「与件文を最初に読む
か，問題文を最初に読むか」，「SWOT分析を最初にやるか，問題文の
指示に従うか」，「解答用紙に記入する前にどれぐらい下書きするか」な
どは異なります。制限時間内に終わらせるためにには，SWOTについ
ては，最初に与件文を読む時点で，粗く記号などをつけておくとスムー
ズです。

　手順書を作成したら本番形式の演習でくり返し復習し，十分慣れてお
く必要があります。本番の試験で初めてのやり方をしないように注意し
てください。

60 続けられる人が合格する

1番大変なのは継続

　通勤講座の受講生に，勉強で苦労していることをアンケートで聞きました。すると，「時間がないこと」，「勉強を続けること」が難しいという意見が突出して多いことがわかりました。

　時間がないことに関しては，学習マップによるスキマ時間の活用で解決できます。では，勉強を続けることに関してはどうでしょうか。

　モチベーションの維持こそが，合格の要なのです。では，どうすれば初心貫徹をできるでしょうか。

わからないなら飛ばす

　モチベーションが下がる原因として「わからない」があります。わからないことが苦痛でやる気がなくなってしまうのです。逆に，得意分野で過去問が解けるような項目は楽しく学習できます。

　わからなくて，せっかく始めた勉強を辞めてしまうくらいであれば，無視して先にすすめるのがよいでしょう。中小企業診断士は満点をとらなければならない試験ではありません。わからなくて気分が乗らなくなったら，自分の得意分野の科目に変えて気持ちをいったんリセットするなどの工夫をするとよいでしょう。

苦手分野の克服

　苦手分野については，マイナスの意識をできる限り排除する必要があ

ります。「苦手だ」,「ミスするかも」という考えによっていっそう記憶が定着しにくくなります。無理にでもマイナスの考えをプラスに変えるように意識しましょう。「簡単だ」,「好きだ」と思っているだけで積極的に問題に取り組むことができ,最終的に得意になっていくはずです。

成功のイメージ

よく,スポーツ選手などは成功のイメージを頭の中でシミュレーションして競技に臨むといいます。試験においても同じで,合格後の活躍のイメージを持つことが大切です。

中小企業診断士資格を活かして,どのようなことを実現したいか。具体的にイメージがない場合は,すでに合格した人やプロコンとして活躍する人の話を聞くとよいでしょう。

理想とする将来のイメージを描いたら,あとはそれを言葉として書いておき,手帳などに挟んでこまめに見るようにすることをおすすめします。それにより,イメージがだんだん「できるかも」,「できるはず」というように確信になっていくはずです。

おわりに

ここまでお読みいただきありがとうございました。本書が,皆さんが中小企業診断士に合格され,夢や目標を達成するお役に立てればこれほど嬉しいことはありません。最後に,本書執筆にあたり受講生に様々なご意見をいただきました。この場を借りてお礼申し上げます。

58 歳，スキマ時間で
一発合格！

2018 年合格　松尾　茂

1　定年後を見据えて

会社の定年が 65 歳になり，58 歳時点で今後定年前後の人生をどうするんだという研修に参加しました。

その中のグループワークで何かにチャレンジすることになり，自分はこれまでの業務の棚卸をしたいと思い，また定年後の人生を少しでも充実したものにしたく，3 年計画で中小企業診断士の試験にチャレンジすることにしました。

2　スキマ時間で一発合格

1 次試験は科目も多岐にわたっており，全てを短期間で合格に持っていくのは難しいと思いました。普通に会社業務を続ける中で，どこに勉強時間を見出すか悩みました。受験校に通うことも考えましたが，予算面で厳しいものがありました。

その 2 つの悩みを解決したのが「スタディング」（当時「通勤講座」）でした。今まで勉強する時間帯とは考えにくかった通勤時間を勉強時間に充てることができ，費用面でも受験校に比べると

かなり助かりました。

受験を決めたのが 12 月，1 次試験が翌年 8 月でしたので，正直 1 年目でどこまでできるかわかりませんでしたが，会社への行き帰りにはスマホで講座を聞きながら，また昼休みや週末に小テストを行っていくと，6 月くらいまでに全科目を一通り勉強することができました。その後は知識の不安な科目を復習することで，何とか 1 次試験に臨むことができました。

3　2次試験対策

1 次試験に想定外で合格してしまったので，2 次試験の勉強はそれからでした。何と言っても時間が足りません。それでも 2 次試験の過去問を見ると，面白そうと思えました。

10 年分の過去問を，方眼ノートに 80 分で答を書いてみました。

「スタディング」の解説を聞きながら，解答を検討しましたが，自分の解答がどの程度合格点に達しているのかはよくわかりませんでしたので，予備校の模擬試験を受けました。

そこでは試験場の雰囲気をつかむこ

とができたのと，解答の採点をしてもらえたので，合格の難しさを改めて知ることができました。

その甲斐あってか2次試験も事例 I 56点，事例 II 66点，事例 III 61点，事例IV 77点，計260点（後日開示請求した結果）で一発合格することができました。

4　診断士に登録

中小企業診断士として経済産業大臣に登録されるためには，二次試験合格後，3年以内に15日分の実務補習か実務従事を行う必要があります。

いずれも実際の中小企業に対して5，6人のグループで企業診断を行います。

私は5日間の実務補習と10日分の実務従事を行い，登録にこぎつけましたが，そこではそれまでの知識を総動員して臨む必要があり，かなり大変でした。

5　勉強を怠らず

あと4年で会社は定年となるので，それ以降は中小企業のアドバイザーとして独立起業したいと考えています。

そのために，研究会などに所属して勉強を続けていきたいと考えています。

専門性＋αを目指して

2019年合格　小沢英司

1　専門分野にプラスして

現職の専門性を高めようと，専門分野に関する資格取得を目指していました。

その資格を取得後に，会社員として自分の専門領域以外にも知見を広げたいと思いました。30歳を過ぎ，専門性には自信がついたのですが，会社員として，経営や財務，法律など，自分のよく知らないところでも会社の仕組みは成り立っているということを最低限理解しておきたいと思ったのです。

そこで会社や経営に関する基礎知識を広く学べる中小企業診断士の資格取得を目指しました。

2　勉強時間の確保に苦労

　一般的に資格試験で苦労することは，勉強時間を確保することと，そのモチベーションを高く維持することだと思います。私は主に勉強時間で苦労しました。

　診断士の資格試験に挑もうと思った際に，勉強のモチベーションが続くかがとても不安だったのですが，スタディングのスマホアプリを開くことで，通勤時間やスキマ時間に資格のことを意識できていたため，当初思っていた苦労はそれほどありませんでした。

　しかし，試験勉強中に子供が生まれたので，妻のサポートや育児で勉強どころではない時期もありました。

　当初は1年での取得を目指してスケジュールを組んでいたのですが，7科目中3科目ほど不合格でしたので，もう1年間のスケジュールを組みなおすのは大変でした。

3　2次試験は不安との戦い

　2次試験で苦労した点は，不安との戦いです。記述式なので，正解がないため，過去問を解いて答え合わせしても，本当にこれで大丈夫なのかという確信が持てませんでした。

　1次試験・2次試験ともに私を救ったのは，スタディングで最初に主張されている「100点を取りにいくな」ということです。

　試験はどの科目でも6割取れれば合格するので60〜70点を取りに行くような意識で勉強しました。これは，自分にとって難しい問題に直面したとき，いつまでも理解することにこだわっていないで，さっさと次に行く・そして繰り返すという行動につながります。時間や集中力には限りがあって，問題数は膨大にあるため，学習スピードを下げないことが，効率的な学習につながったのだと思います。そのような前提が最初に示されていたため，2年間やり遂げることが出来ました。

4　新たな人脈の構築

　名刺に資格名を記入しています。名刺交換をした際に，ちょっとした話題になったりします。また，診断士の集まりで同じ業界の方とお会いし，新たな商流につながったこともあります。当資格をとおして培った人脈ができ，普段では出会うことのできない幅広いネットワークが築けています。

5　自分の価値を高める

　経営全般に理解がある者として，自己の価値を高めるためのものとして活かしたいです。資格はあくまでも自分という商品・ブランドをサポートしてくれるものですので，資格を通して培った知識や考え方を応用しながら，自身のブランドを磨きあげていきたいと思います。

【著者略歴】

綾部　貴淑（あやべ　きよし）

1971年千葉県生まれ。東京工業大学情報科学科卒業。

外資系ソフトウェア会社，経営情報システムのコンサルティング会社を経て，KIYOラーニング株式会社を創業。現在は代表取締役を務める。

サラリーマン時代に，仕事のかたわら，人の能力を最大限に引き出す勉強法を研究。勉強法のみならず，心理学，NLP，脳科学，速読術，成功法則など，100冊以上の国内外の本を読み，成功者をモデリングすることで，独自の勉強法のノウハウを体系化する。自らその勉強法を使って，働きながら短期間で中小企業診断士の1次・2次試験にストレートで合格を果たす。

2008年よりこの勉強法を基に開発したオンライン資格講座「通勤講座（現　スタディング）」を開講。2010年にはKIYOラーニング株式会社を設立，スマートフォンで効率的に学べる学習システムを開発するとともに，資格ラインナップを増やし，多くの合格者を輩出している。

2017年に社員教育クラウド「AirCourse」をリリース。受け放題の動画研修コースと，簡単に自社コースが配信できる利便性により，大企業〜中小企業まで幅広い層の企業に導入されている。

現在は，人や組織の能力を最大に引き出すために，AIやデータを活用した学習の効率化に力を注いでいる。

スタディング

スタディングは，「学びを革新し，だれもが持っている無限の能力を引き出す」というミッションのもと，すきま時間を活用し資格取得を目指せる講座を提供している。スマホで効率的に学べる学習システムを開発し，わかりやすい動画コンテンツで資格ラインナップを充実させ「世界一，学びやすく，わかりやすく，続けやすい」講座を目指す。

2020年7月に東京証券取引所マザーズに上場し，マスコミで大きな話題となった。2020年8月には累計有料受講者が8万人を突破し，資格講座の新しいスタンダードとして成長中。

学習マップなら！
中小企業診断士に超速合格できる本

2013 年 3 月 10 日　第 1 版 第 1 刷 発 行
2014 年 12 月 10 日　改訂改題第 1 版第 1 刷発行
2016 年 12 月 20 日　改訂改題第 2 版第 1 刷発行
2020 年 12 月 10 日　改訂改題第 3 版第 1 刷発行

著　者　綾　部　貴　淑
監　修　スタ ディング
発行者　山　本　　　継
発行所　㈱中央経済社
発売元　㈱中央経済グループ
　　　　パ ブ リ ッ シ ン グ

〒101-0051　東京都千代田区神田神保町 1 - 31 - 2
電　話　03 (3293) 3371 (編集代表)
　　　　03 (3293) 3381 (営業代表)
http://www.chuokeizai.co.jp/
製版／㈲イー・アール・シー
印刷／三 英 印 刷 ㈱
製本／㈲ 井 上 製 本 所

©2020
Printed in Japan